3억 귀농
농업창업 계획서

혼자서 작성하기

강용수 지음

귀농을 위한 **농업창업계획서의 작성사례**와
혼자서도 작성할 수 있는 **실무 TIP 제공**

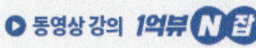

저자의 말

PREFACE

　저자의 경력은 조금은 독특하다. 대학에서는 수산경영학을 전공하였고 첫 직장은 수협위판장에서 새벽 경매에서부터 백화점, 대형마트 등의 수산물 유통업에 상당 기간 종사하였다. 그러다가 운명적인 계기로 2006년 컨설턴트로 Job Changing 하여 국내 컨설팅학 1호 석사학위를 취득하였고 박사과정에서는 물류학을 전공하게 된다.

　이런 과정 중에 2012년에는 농협은행의 농업금융컨설턴트 전문직으로 입사하여 2017년 퇴사할 때까지 예비귀농인과 농업인을 대상으로 한 농업금융컨설팅을 수행하면서 프로그램을 고도화하였고, 농식품기업에 대한 컨설팅 서비스를 신규 런칭하는데 주무로서 역할을 수행하였으며, 마지막으로는 농식품기업에 대한 투자심사역으로 농협은행 시절을 나름 성공적으로 마무리하였다.

　농협은행 퇴사 이후 농림축산식품부 산하 농업교육기관인 농림수산식품교육문화정보원과 지역농업기술센터를 통해 예비귀농인과 농업인을 대상으로 다양한 분야의 강의와 컨설팅 서비스를 제공하게 되었으며, 이렇게 농업과 귀농·귀촌과의 인연을 맺은 것이 벌써 10여 년의 시간이 흐르게 되었다.

　저자가 이 책을 집필하게 된 계기는 공공영역에서 무료로 제공하는 강의가 자신의 귀농 준비에 충분하지 못하고 있다는 귀농인 수강생의 고민을 서로 나누면서다. 국내 귀농 교육은 정부 주도로 진행되고 있고 귀농 지원 시 인증 교육기관에서 최소 100시간 이상의 교육 수료를 요구하고 있어 이에 따라 귀농 교육 수강생 중 상당수는 지원자금을 받기 위한 교육 참여에 머무르고 있는 것이 현실이다.

특히, 2019년부터 귀농 지원정책이 대대적으로 개편되어 귀농 창업계획에 대한 평가점수가 60점, 2020년에는 70점으로 상향조정 되고 있음에도 공공분야의 교육은 이러한 변화를 아직 충분히 반영하지 못하고 있다. 이에 저자가 고안한 고유의 귀농 창업계획 방법론을 2019년부터 귀농인 교육을 진행하고 있지만, 주어진 교육 시간이 부족하여 충분한 내용 전달이 어려웠으며, 예비 귀농 수강생은 물론 저자에게도 많은 아쉬움이 남게 되어 지면을 통하여 저자가 고안한 귀농 창업계획 수립 방법론을 충분히 전달하고자 함이다.

요즈음 농촌은 인구 고령화 심화와 농업인력 부족 등으로 스마트팜과 스마트축산의 보급이 확산되고 있는 추세다. 이전보다는 상대적으로 많은 투자가 필요한 상황에서 '촌에 내려가 농사나 지을까?'라는 순진한 생각만으로는 귀농하여 성공하기 어렵다. 예전보다는 치밀한 사전 조사와 계획만이 귀농 성공의 지름길임을 전하고, 부족하지만 저자도 함께 고민을 나누고자 한다.

이 책이 나오기까지는 농협은행 농업금융컨설틴트로써의 업무수행과 귀농 교육기관에서의 강의 및 농업경영컨설팅 경험이 토대가 되었다. 이러한 과정을 통해 만나 도움을 받았던 많은 전문가와 농업인들에게 감사의 말씀을 전하고, 못난 남편을 믿고 지지해준 고마운 아내 혜영과 일에 파묻혀 사는 아빠를 응원해준 사랑스런 두딸 현서, 인서와 아들 재명이에게 사랑으로 고마운 마음을 전한다.

'귀농을 꿈꾸고 귀농을 준비하고 있는 분, 큰 뜻을 품고 귀농한 지 5년 이내인 귀농 초기 농업인들과 우리나라 농업·농촌의 발전을 위해 불철주야 애쓰고 있는 농촌진흥기관 담당자들에게 이 책을 바칩니다.'

2021.4 여의도 연구소에서
강용수

Prologue

  이 책은 총 5장으로 구성되어 있다. 귀농을 고려하고 있거나 지금 막 알아보기 시작한 독자들은 제1장부터 순서대로 따라가는 것이 좋다. 이 책은 귀농지원정책을 소개하는 것이 아니라 귀농 창업계획서 작성을 중심내용으로 하고 있다. 그러나 제1장에 '2021년 달라진 귀농·귀촌 지원정책'을 편성하여 지원정책이 대전환된 2019년 이후부터 2021년까지 매해 달라진 정책내용을 소개하여 귀농·귀촌 지원정책의 역사를 알 수 있게 했다. 2021년 지원정책 전체적인 내용은 부록에 사업 시행지침을 실어두었으니 참고하기를 바란다. 또한 이 책에서도 귀농·귀촌을 관용어구처럼 붙여서 쓰고 있지만, 엄밀히 말해 정책적 지원은 귀농 지원정책이다. 농업을 하지 않고 살러만 가는 귀촌인에게는 특별한 지원은 없으니 이점은 분명히 해둔다.

  귀농 지원정책을 충분히 이해하고 있는 독자는 제2장부터 시작해도 무방하다. 제2장부터는 실전에 해당하는 내용으로 책 본문에 밝힌 출처 문서를 검색하거나 제시된 홈페이지 등에 직접 방문하여 참고하기를 바란다. 특히, 저자는 사업계획 시 필요한 매출액 추정 및 융자상환계획 등 귀농 창업계획 수립에 필요한 엑셀 Tool을 제공하고 있다. 제공하는 엑셀연습 파일로 눈으로만 보지 말고 꼭 손으로도 이 책을 함께 읽어 실무역량을 키우길 권장한다.

> ※ 엑셀연습 파일 다운로드는 1억뷰 N잡 site
> https://njobler.net 에서 제공

  제4장의 '매출액 추정의 메카니즘'과 제5장의 '농업 창업사업계획 작성하기 실습'은 귀농을 준비하고 있는 분들 뿐만이 아니라 현재 영농 중인 농업경영체(농업인, 농업법인)의 다양한 지원사업 신청 시에도 매우 유용하게 활용될 수 있도록 하였다.

이 책의 차례

CONTENTS

작가의 말 ··· 02
Prologue ··· 04

제1장 2021년 달라진 귀농·귀촌 지원정책 ············· 08
제1절 2019년 귀농·귀촌 지원정책의 대변화 ············· 08
제2절 2020년 귀농·귀촌 주요 지원정책 변화 ············ 12
제3절 2021년 귀농·귀촌 주요 지원정책 변화 ············ 23

제2장 농업 창업지원사업 평가 고득점 전략 ············· 32
제1절 귀농 및 재촌 비농업인 공통 고득점 전략 ········· 32
제2절 귀농 농업창업 고득점 전략 ······························· 55
제3절 재촌 비농업인 농업창업 고득점 전략 ··············· 58

제3장 농업 창업지원 신청서의 구성과 작성실습 ······ 64

제4장 작목결정과 매출액추정의 메커니즘 ··············· 78
제1절 귀농 작목 결정의 메커니즘 ······························· 78
제2절 매출액 추정의 메커니즘 ····································· 95

제5장 농업 창업사업계획 작성하기 실습 ················ 110
제1절 귀농인 기초현황 작성 ······································ 110
제2절 사업계획의 작성 ·· 118
제3절 융자금 상환계획 수립 ······································ 129
제4절 지역 활동 참여계획 ·· 137

■ 부록 #1. 연습문제 풀이 ·· 148
■ 부록 #2. 전국 주요 농촌진흥기관(2020년 기준) ···· 150
■ 부록 #3. 2021년 귀농 농업창업 및 주택구입지원사업 지침 ····· 155

3억 귀농
농업창업계획서
혼자서 작성하기

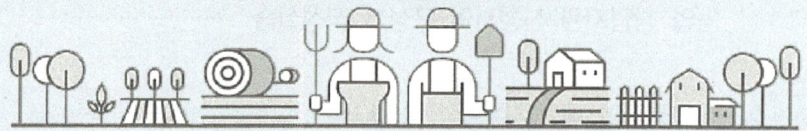

2021년 달라진 귀농·귀촌 지원정책

1. 2019년 귀농·귀촌 지원 정책의 대변화

2021년 현행 귀농·귀촌 지원정책의 큰 틀은 2019년에 큰 변화를 거친 바 있다. 이에 따라 2021년 달라진 귀농·귀촌 지원정책을 알아보기 전에 2019년에 변화되어 시행되고 있는 주요 정책을 먼저 알아보는 것이 중요하다. 2021년의 정책변화도 2019년 변화의 틀을 기초로 한 변화이기 때문이다.

1 선정방식의 변화

2019년의 가장 큰 변화는 그동안 선착순 지원 방식으로 어느 정도의 요건만 갖추면 배정된 예산의 소진 시까지 자금 지원을 했던 것을 2019년부터는 지방자치단체별 배분된 예산 내에서 신청자를 대상으로 사업계획, 추진 의지 등을 '사업자 선정 심사위원회'에서의 심층 면접을 통해 그 심사 결과에 따라 선정 여부가 결정, 선발하는 방식으로 전환된 것이다. 사업대상자 선정심사위원회는 상·하반기 2회 개최를 원칙으로 하되 각 시·도, 시·군의 실정에 맞도록 개최 시기를 탄력적으로 운영할 수 있도록 하여 귀농 농업창업자는 사업 신청 전 시·군 관련 부서에 접수 일정에 대한 사전 확인이 필요하게 되었다.

2 재촌 비농업인 지원대상 포함

또 하나의 큰 변화 중 하나는 귀농 1년 이상 도시거주자를 대상으로 한정하였던 것을 농촌 지역에 거주하는 사람('재촌 비농업인') 중 농업인이 되고자 하는 자로서 귀농어·귀촌법 시행령으로 정하는 기준에 해당하는 사람도 신청 가능하도록 변경되어 2019.7.1.일부터 적용되고 있다.

3 사전대출한도의 축소

사전대출한도도 당해 사업의 최대 70% 이내에서 필요한 소요 금액을 지원했으나, 2019년부터는 귀농자금 관련 피해방지를 위해 사전대출 규모를 대출 가능 금액의 최대 10% 이내 또는 3천만 원 범위에서 계약금 및 선급금 등에 필요한 소요 금액으로 축소하였다.

4 심사기준의 강화

2018년까지 평가항목은 가점사항을 제외하고 총 6개 항목, 각 항목별로 'A' 등급에서 'D' 등급까지로 '60점' 이상인 신청자는 지원대상자로 대출기관에 추천될 수 있는 심사기준을 두고 있었으며, 이에 따르면 항목별로 가장 낮은 평가 등급인 'D' 등급의 합계점수가 '56점'으로 실제 대출 여부는 별개로 하더라도 예산배정까지는 다소 수월한 사업지원체계로 운영되고 있었다.

2019년에는 자격 기준, 목적 외 사용 등 유형 및 준수 규정 습득 여부, 자금 관련 피해 사례인지 여부 등을 평가하는 '사업지침 의무조항습득'(10점)이 추가되어 총 7개 항목으로 2018년에 비해 1개 항목이 추가되었다. 그리고 그 외 주요 변화로는 귀농 인원수는 최고 20점에서 5점, 교육이수 실적은 30점에서 10점, 전입 후 농촌거주는 20점에서 5점으로 하향 조정되었으며, 영농정착의욕은 10점에서 20점, 사업계획의 적정성은 10점에서 세부 평가항목인 실현 가능성을 추가하여 40점으로 상향 조정되었으며 가점사항에는 기존에 더하여 '청년창업농 영농정착 지원사업' 대상자로 선정되거나 '청년귀농 장기교육'을 수료한 자(5점)가 추가되었다. 그리고 최종 선정기준은 2018년까지 '총점이 60점 이상인 자'의 절대평가에서 2019년에는 '총점이 60점 이상인 자 중 고득점자 순서'의 상대평가로 전환되었다.

그리고, 또 하나의 큰 변화이자 필자가 이 책이 필요하다고 느끼고 얕은 지식이나마 나누고자 했던 계기는 바로 사업계획서의 중요성이 획기적으로 강화되었다는 것이다. 2018년까지는 6개 평가항목 중 4개 항목이 정량평가(100점 만점 중 80점)로 이루어져 있었고 2개 항목 즉, 영농정착의욕과 사업계획의 적정성은 사업계획서를 토대로 한 정성평가(100점 만점 중 20점)

였으나 2019년에는 7개 평가항목 중 4개 항목의 정량평가(100점 만점 중 30점)와 3개의 항목 즉, 사업지침 의무조항습득과 영농정착의욕, 사업계획의 적정성 및 실현가능성으로 정성평가(100점 만점 중 70점)가 큰 폭으로 증가하였고, 이 중 사업계획서를 기반으로 평가하고 있는 항목이 2018년의 20점에서 2019년에는 60점으로 무려 3배나 증가한 것이다.

2 2020년 귀농·귀촌 지원 정책의 변화

2019년 귀농·귀촌 지원정책의 대변화를 거친 후 이 틀을 기반으로 한 2020년의 달라진 귀농·귀촌 지원정책은 본인 명의 영농기반의 체험·판매 등 서비스(6차산업) 지원 대상 포함, 지원 제외 대상에서 상근근로자로서 단시간근로자는 예외로 인정, 도시농업 교육시간 실적 인정 등 지원 대상의 확대 및 요건의 완화와 함께 모호한 지침내용을 보다 명확히 하는 지침의 개정이 이루어졌다.

또한, 2019년 귀농 농업창업계획 관련 평가항목이 60점으로 큰 폭으로 상향된 바 있으나, 2020년에는 이에 더해 융자금 상환계획의 적절성(10점)이 추가되어 귀농 농업창업계획 관련 평가항목이 100점 만점에 70점에 달할 정도로 귀농 농업창업계획서 작성의 중요성이 더욱 증가하였고, 총 6개 항목으로 구성된 '재촌 비농업인 농업창업 지원 사업신청자 심사기준'이 2020년에 추가로 신설되었다.

1 지원 요건의 변화

2020년부터는 본인 명의 영농기반의 체험·판매 등 서비스(6차산업)사업의 지원대상 확대, 귀농창업지원을 위한 교육이수실적의 범위가 도시농업 교육시간(합계 80시간)이 추가 인정되며, 기존 농과계 학교 졸업자를 40세 미만의 농고·농대 졸업자로 명확화하는 일부 개정 사항이 시행되었다.

2 지원 대상 및 요건 범위 확대

1. 지원 대상의 확대

2019년의 경우 기존 본인 명의의 영농기반의 농축산물 생산 또는 판매·가공 사업을 등록한 자에 대해서만 지원 대상으로 하고 있었지만 2020년에는 체험·판매 등 서비스(6차산업)까지로 지원대상을 확대 신설하였다.

농업창업지원사업은 원칙적으로 수산업은 겸업이 가능하나 농업 외 타 산업 분야 사업자 등록증 소지자는 지원범위에서 제외하였다. 타 산업 분야 사업자등록증 소지자 지원제외 대상자에서 주택 또는 농산업 관련 시설[1] 지붕에 태양광 시설을 설치한 전력 판매 사업자등록자는 지원 대상에 포함되었다. 단 이때에는 태양광 시설이 해당 시·군의 사전 승인과 건축법상 허가 시설이어야 하며 농업경영에 지장을 초래하지 않아야 한다는 단

---

1) 축사, 콘크리트·판넬 형태의 버섯재배사·곤충사육사·가공시설에 한하며, 부속시설은 제외

서조항을 두었다.

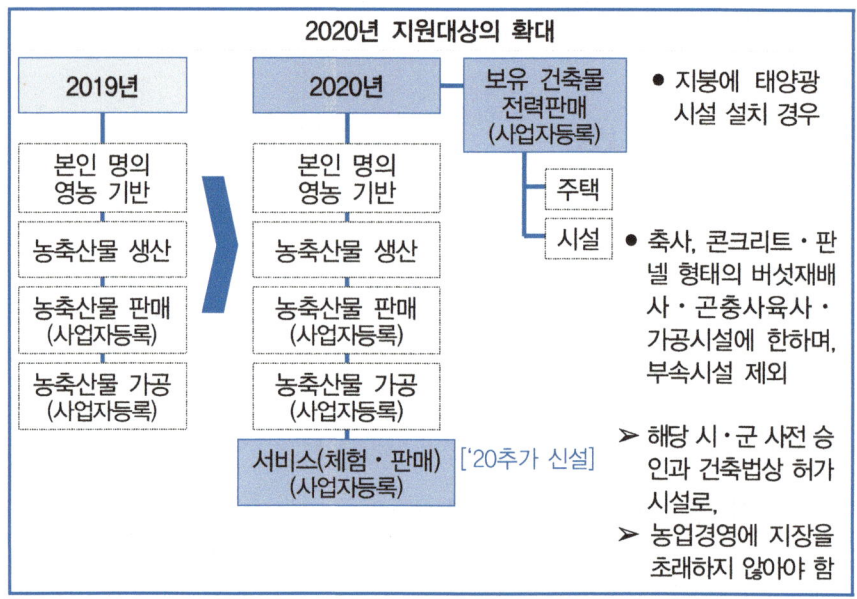

2. 지원 제외 대상의 축소

2019년의 지원 제외 대상에서 2020년에는 귀농 초기 소득 부족 문제 해소를 위해 영농활동에 지장이 없는 범위 내 부가적인 소득 활동을 허용하는 방향으로 지원 제외 대상을 축소하는 시행지침을 개정하여 결과적으로 지원대상을 확대하였다.

2019년까지는 '농업 외 타 산업 분야에 전업적 직업을 가진 자(상근근로자) 즉, 건강보험자격득실확인서 상 가입자 구분이 직장가입자인 자'를 지원 제외 대상으로 분류하고 있었으나 2020년부터는 상근근로자로서 국민연금 등 4대보험 모두를 가입해야 하는 것이 아닌 경우 중 월 60시간 미만의 단시간 근로는 시장·군수의 확인을 받아 취업할 수 있도록 하였다.

혼자서 작성하기

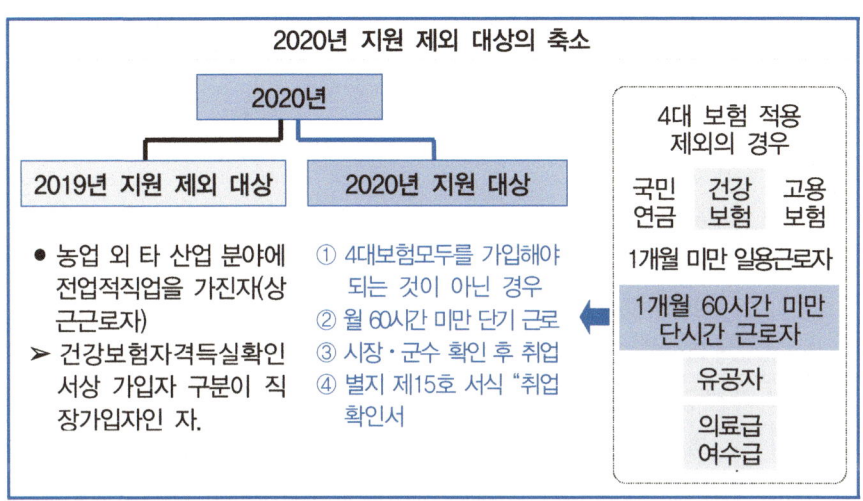

■ 사업장 가입자(근로자) 적용제외 대상

구분	적용제외 대상
국민연금	• 타공적연금가입자 • 노령연금수급권 취득자 중 60세 미만의 특수직종근로자 • 조기노령연금 수급권 취득자(지급이 정지되지 아니한자) • 퇴직연금 등 수급권자 • 일용근로자 또는 1개월 미만의 기한을 정하여 사용되는 근로자 (1개월 이상 계속 사용되는 경우는 제외) • 1개월간 소정근로시간이 60시간 미만인 단시간근로자 • 법인의 이사 중 근로소득이 없는 자
건강보험	• 의료급여법에 따라 의료급여를 받는 자 • (독립)국가유공자로 의료보호를 받는 자 • 1월 미만의 기간 동안 고용되는 일용근로자 • 하사(단기복무자에 한함)·병 및 무관후보생 • 선출직 공무원으로서 매월 보수를 받지 아니하는 자 • 비상근 근로자 또는 1개월 간의 소정 근로시간이 60시간 미만인 단시간 근로자(교직원·공무원 포함) • 소재지가 일정하지 아니한 사업장의 근로자 및 사용자

제2절 2020년 귀농·귀촌 지원정책의 변화

구분	적용제외 대상
고용 보험	• 65세 이후에 고용된 자 • 1월간 소정근로시간이 60시간 미만인 근로자(1주가 15시간 미만인 자 포함) • 공무원(별정직, 계약직 공무원 '08부터 임의가입 가능) • 사립학교교직원연금법 적용자 • 별정우체국 직원 • 외국인 근로자
산재 보험	• 「공무원연금법」, 「군인연금법」, 「선원법」・「어선원 및 어선재해보상보험법」 또는 「사립학교교직원연금법」에 의하여 재해보상이 행하여지는 자

* 출처 : 4대사회보험 정보연계센터(https://www.4insure.or.kr/ins4/ptl/guid/clnt/EntrObjLayout2.do)
** 자세한 내용은 위 출처 홈페이지를 참조

3. 교육 이수 실적 인정의 확대

도시농업법에 따라 운영하는 교육과정에 귀농·귀촌 과정을 추가 운영하는 경우도 교육 시간으로 인정하여 사업간 연계를 강화하였다. 이는 도시농업법 제10조에 따른 도시농업지원센터와 제11조에 따른 전문인력양성기관 추진 교육과정 귀농·귀촌 교육과정 별도 추가 운영 시 도시농업 교육시간 실적을 인정하는 것으로 2020년에 추가 신설된 조항이다.

- 도시농업인 농사요령교육 과정 40시간

- 도시농업전문가 양성과정 40시간

03 시행지침의 내용 의미 명확화

1. 교육 범위의 명확화

교육실적 인정 범위를 명확히 하는 개정지침의 목적에 따라 2020년부터는 최근 5년 이내에서 학교 범위는 농과계 학교(농고·농대) 졸업자 중 40세 미만 신청자에 한정적으로 2020.7.1.일부터 적용하고 있다.

2. 지원 제외 대상자의 의미명확화

지원 제외 대상자로 2019년까지 '병역미필자'로 되어있던 것을 2020년에는 여성, 병역면제자는 지원이 가능한 의미로 명확히 하기 위해서 '병역의무 미 이행자'로 시행지침을 개정하였다.

2019년 지원 제외 대상자로 지정된 고교 등 교육기관 재학생과 휴학생은 2020년에는 이 중 '사업연도 졸업예정자, 영농활동에 지장이 없는 월 60시간 미만의 단기 주간과정, 야간과정 및 방송통신대학 등 온라인 강의가 주되는 과정인 학교의 재학생과 휴학생은 신청 가능'하도록 예외사항을 신설하고 의미를 더욱 명확히 하였다.

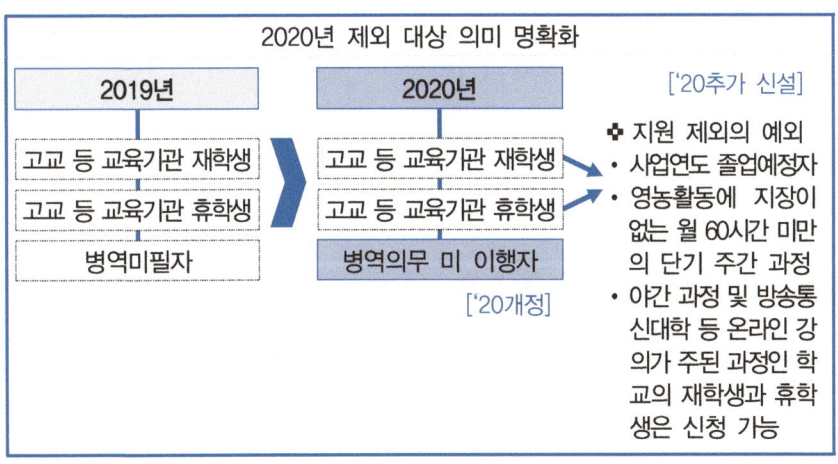

3. 지원자금 사용처의 명확화

2020년에는 지원자금 전체에 대해 타 농업정책사업의 자부담분 지원 불가 내용과 가축·묘목구매비 등과 농기계와 화물자동차 구매 한도를 5천만 원으로 제한하는 시행지침을 추가로 신설하였고, 농업용 화물자동차의 지원범위 지원자금의 사용 용도를 더 명확히 하는 개정안이 시행되고 있다.

❶ 경종분야(벼농사, 채소, 화훼, 과수, 특작, 복합영농 등) 창업자금 중 2020년 추가 신설 조항
  - 묘목(다년생) 및 종자(화훼묘 포함) 구입비, 농기계 구매, 농업용 화물자동차 구매비는 본인 명의(임차포함)의 영농기반(농지 등)이 있는 경우, 합산 금액 5천만 원 한도 내 대출 가능

❷ 축산분야(한·육우, 낙농, 양돈, 양계 기타 축산 등) 창업자금 2020년 추가 신설 조항
  - 가축 입식, 농기계 구매, 농업용 화물자동차 구매비는 본인 명의(임차포함)의 영농기반(농지 등)이 있는 경우, 합산 금액 5천만 원 한도 내 대출 가능

❸ 농식품 가공시설 설치비
  - 2020년 '해당 지자체에 제조업 또는 가공업 등록 가능 지(地) 인지 확인 필요' 조항 신설

❹ 타 농업정책사업(지자체사업 포함)의 자부담분 지원 불가
  - 2020년 추가 신설 조항

❺ 농업용 화물자동차
  - 2020년 탁송료, 취득세, 번호판 등록비 제외, 순수 차량 가격만 가능하도록 시행지침 개정

4 기타 개정사항

1. 시행지침 개정사항 일관성 유지를 위한 개정

시행지침 본문의 개정 및 신설 조항의 일관성을 유지하기 위하여 제재·처벌대상자 및 처벌기준을 '농업 외 타 산업 분야 사업체를 경영하거나, 전업적 직업을 가진 자'로 개정하여 실시하고 있다.

2. 자금 상환방법 및 절차의 개정

시장·군수가 현장을 확인한 결과 사업 취소 사유에 해당한다고 인정될 때는 지원자금 상환 통지와 동시에 대출 취급기관에 지원자금 회수를 통지할 수 있다. 다만, 시장·군수가 인정하는 경우 신병[2] 등과 기상재해 등으로 사업이 취소된 때의 자금상환 방법을 2019년 '당초 융자조건'만으로 표현했던 것을 '일시 상환이 아닌 기존 융자조건에서 정한 기간까지 나누어 상환할 수 있도록 대출 취급기관에 조치 사유를 명기하여 문서 통보(이 경우 이차보전금 지원은 중단하며, 일반대출상품으로 전환 조치 가능)'으로 보다 구체화하여 시행하고 있다.

05 귀농 농업창업 지원사업 심사기준 개정사항

2020년 귀농 농업창업계획과 관련된 심사항목이 영농정착 의욕(20점), 융자금 상환계획의 적절성(10점), 사업계획의 적정성 및 실현 가능성(40점) 등 3개 항목에서 100점 만점에 70에 달할 정도도 귀농 농업창업계획서 작성의 중요성이 대두되고 있어 이에 대한 철저한 준비가 요구되며, 필자가

---

[2] 2019년 '사망·신병 등'에서 2020년에는 '신병 등'으로 사망의 경우는 제외함

이 책을 집필이 필요하다고 생각하게 된 계기가 되었다.

또한, 2020년 선정기준에서는 기존 귀농 농업창업 및 주택구입 지원사업 선정 심사기준 외 '재촌 비농업인 농업창업 지원사업 신청자 심사기준'을 별도로 시행하는 첫해로 농업창업을 계획하고 있는 분들의 현재 상황에 따라 차별화된 준비전략이 필요한 상황이다.

1. 귀농 농업창업 지원사업 심사기준 개정사항

2019년까지 배점 10점이었던 '영농규모' 평가가 삭제되고, 같은 배점으로 '융자금 상환계획의 적절성' 평가항목으로 교체되었다. 이 평가항목은 사업계획의 수입·지출의 구체성 및 현실성을 사업신청서와 사업계획서를 토대로 평가하며 최고 평가 'A' 등급에 10점 최하 평가에 'D' 등급에 4점을 부여하도록 설계되었다. 이에 따라 정량평가는 3개 항목(100점 만점 중 20점)과 정성평가는 4개 항목(100점 만점 중 80점)으로 개편되었다.

이 중 귀농 농업창업계획과 관련한 평가항목은 총 3개 항목 즉, 영농정착의욕(20점), 융자금 상환계획의 적절성(10점), 사업계획의 적정성 및 실현가능성(40점)으로 2019년 기준 20점에서 60점으로 대폭 상향조정되었으나, 2020년에는 10점이 추가된 70점으로 상향된 귀농 농업창업계획서 작성의 중요성을 더욱 강화하는 방향의 개정이었다.

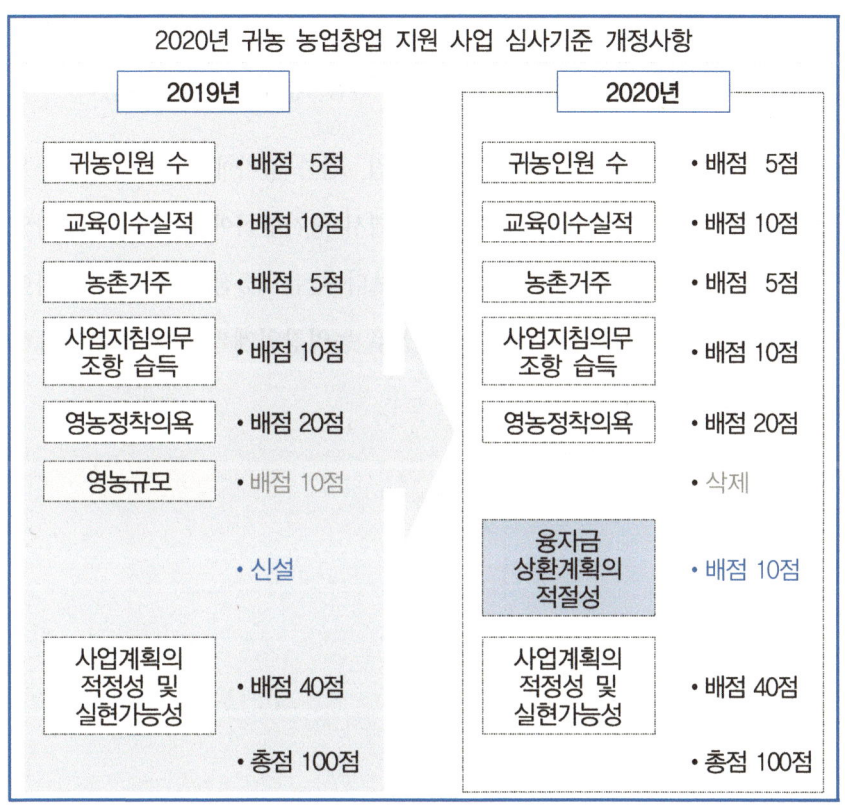

2. 재촌 비농업 농업창업 지원사업 심사기준 신설

2019년까지 기존 7개 항목으로 설정된 귀농 농업창업 및 주택구입지원 사업의 심사기준과 달리 총 6개 항목으로 구성된 '재촌 비농업인 농업창업 지원사업 신청자 심사기준'이 2020년에 추가로 신설하여 시행하고 있다.

기존 귀농 농업창업 및 주택구입지원사업의 심사기준과 다른 점은 귀농 인원수와 전입 후 농촌 거주기간에 대한 평가항목은 평가에서 제외하고 교육 이수 실적 5점을 상향한 15점을 배점하고, 마을회의·행사·지역 단체 등 참여 및 활동 계획의 구체성·적극성을 평가하여 '지역 활동 참여도'라는 평가항목을 농업창업계획서 내의 지역 활동 참여 현황 항목과 심층 면접을 토대로 지역 융화 정도를 평가하여 5점 배점으로 추가하였다.

이 평가항목은 최고 평가 'A' 등급에 5점, 최하 평가에 'D' 등급에 2점을 부여하도록 설계되어 있으며 농업창업계획서 평가항목에서 '귀농 농업창업 및 주택구입지원사업의 심사기준' 70점보다 높은 75점을 배점 운영하여 재촌 비농업인 농업창업 지원사업'의 경우 농업창업계획서 작성의 중요성은 더욱 강조되었다.

3. 2021년 귀농·귀촌 지원 정책의 변화

1 지원의 확대

1. 주택자금 추천 횟수 증가

융자추천의 경우 귀농인은 이주기한 내(단, 재촌비농업인의 경우 동 자금을 최초 신청한 이후 만 5년 내)에 시장·군수는 융자 시행을 기준으로 창업자금은 4회 추천을 유지하였으나 주택 구입·신축 자금 2020년 1회에서 2021년 2회로 추천 횟수를 증가시켰다.

> **Point** 자금추천 횟수 tip
>
> - 귀농인 이주기한
>   농촌지역 전입일로부터 만 5년이 경과하지 않은 세대주로서 농촌에 가족과 함께 실제 거주하면서 농업에 종사하고 있거나 하고자 하는 자
> - 창업자금 4회 추천
>   귀농창업자금 한도금액은 3억원으로 이 금액을 1회에 모두 신청할 수 있으나, 이를 4회에 걸쳐 나누어 지원 받을 수 있음

> 단, 매 횟수마다 새롭게 신청하고 선정위원회로부터 지원선정을 받고 농신보의 보증과 금융기관의 평가를 다시 받아야 함
> - 주택자금 2회 추천
> 귀농창업자금 한도금액 범위 내에서 이주기한 이내에 2차례 지원 받을 수 있으나 창업자금과 같이 2회차 신청 시 평가를 다시 받아야 함

2 의미의 명확화

1. 교육 이수 실적의 명확화

귀농 창업지원은 인증된 기관으로부터의 귀농 및 영농 교육을 최소한 100시간 이수해야 한다. 이 외 기타 교육으로 도시농업법에 근거한 도시농업지원센터와 전문인력양성기관의 교육과정에 귀농·귀촌 교육과정을 추가 운영한 경우 도시농업 교육도 교육 이수 실적에 포함하고 있는데, 2021년에는 예를 들어서 그 의미를 명확히 하고 있다. 예를 보면 도시농업 전문가 양성과정을 이수하였더라도 귀농·귀촌 교육이 포함되지 않았다면 80시간을 받아도 실적은 전혀 인정받을 수 없고 도시농업전문가 양성과정 40시간에 귀농·귀촌 교육이 10시간이 추가되었다면 도시농업전문가 양성과정 교육 시간과 합산하여 총 50시간을 인정받을 수 있다는 내용이다.

또, 2020년까지 "농과계 졸업자, 영농종사일수 6개월 이상, 농업인턴 3개월 이상 이수자는 'D등급' 부여"한다는 내용을 농과계 졸업 등을 교육이수와 동일하게 인정(귀농·귀촌 교육 추가 이수 시 교육시간 합산)하여 "농과계 졸업자, 영농종사일수 6개월 이상은 교육이수시간 100시간으로 인정"한다고 명확히 하였다.

2. 주택 지원대상의 명확화

2020년까지 지원대상 주택을 단독주택의 연면적 150㎡ 이하로 간략하게 설명하고 있으나, 2021년에는 "단독주택 및 부속건축물을 합한 연면적은 150㎡를 초과할 수 없음"으로 보다 명확히 하였다.

> **Point** 주택구입 · 신축 · 증개 · 축 tip
>
> - 연면적
>   - 건축법 시행령 제119조 제1항 제4호 : 지하층의 면적, 지상층의 주차용으로 쓰는 면적, 피난 안전 구역의 면적, 건축물 경사지붕 아래에 설치하는 대피공간의 면적
>   - 건축물대장의 기재 및 관리 등에 관한 규칙 제7조 제1호 '일반건축물대장(을) 건축물현황' 서식의 연면적
> - 부속건축물
>   - 건축법 시행령 제2조 12호의 규정에 따른 같은 대지에서 주된 건축물과 분리된 부속용도의 건축물로서 주된 건축물을 이용 또는 관리하는 데에 필요한 건축물을 의미
>   - 부속건축물 면적이 주택면적을 초과하는 경우 지원하지 않으며, 단일 건축물에 단독주택과 부속건축물 용도가 함께 있는 경우(예시 : 2층 건물에 1층은 창고, 2층은 주택인 경우)와 단독주택과 부속건축물이 분리된 경우 모두 동일

3. 융자 시 유의사항 명확화

첫째, 배우자 등의 소유물 지원 불가 대상에 주택 구입 포함하였고 시장·군수가 정상적인 거래 여부 확인을 위해 사업신청인에게 감정평가액 제출을 요청하여 감정평가액과 거래가액을 비교하여 정상적인 매매로 판단될 때 지원이 가능하다는 판단 기준을 제시하였다. 둘째, 부가세 지원 여부를 명확히 하기 위해서 "부가세는 포함하여 지원, 단 부가세환급금은 사업비에서 공제하고 지원하는 것을 원칙으로 함"이라는 유의사항을 신설하였다. 셋째, 지원 제외 대상을 명확히 하기 위해서 "사업대상자 선정일 이전

에 등기, 준공 등이 완료된 경우 지원 불가"하다는 내용을 신설하였다. 단, 사업대상자 선정일에 진행 중인 사업은 지원한다. 넷째 사업대상자 선정 이후에 발생한 타 융자금 상환 용도로도 사용을 금지하기 위해 "본인 명의로 부동산, 시설 등을 구입하여 발생된 타(他) 융자금을 상환하는 용도는 지원 불가"라고 지침 내용을 개정하였다.

> **Point 부가세 지원 관련 tip**
> - 부가세를 포함하여 지원
>   사업신청인이 과세 품목을 구입할 때 부가세 별도로 견적을 받았다면 공급가액에 부가세를 포함한 금액까지가 귀농지원 사업비라는 의미임
> - 부가세환급금은 사업비에서 공제
>   사업신청인이 과세 품목 구입 시의 부가세 매입세액이 물건을 판매하거나 용역 제공 시의 부가세 매출세액보다 많아 부가세환급금이 발생한다면 이는 귀농 지원사업비에서 차감한다는 의미임

4. 대출금리 의미의 명확화

2020년까지 대출금리는 2%(또는 변동금리)로만 되어있었으나, 2021년에는 "고정금리 2% 또는 변동금리 중 선택"으로 보다 명확하게 개정되었으며, 이와 함께 "변동금리는 대출시점 금융기관에서 고시하는 대출금리를 적용하며, 매 6개월마다 변경" 문구를 신설하였다.

5. 대출한도 차감 대상 사업 명확화

2020년까지 융자추천 시 대출한도에 차감되는 대상을 "정부·지자체 및 정부산하기관"으로만 되어있었으나, 2021년에는 대출한도 차감 대상 사업을 목적용도 유사 사업인 "귀어·귀산촌자금과 후계농업경영인 지원자금"으로 명확히 하였으며, 이와 함께 "농촌주택개량사업 지원을 받은 경우 주

택구입 자금지원 불가" 문구를 신설하였다.

3 농업·농촌 현실 및 트렌드의 반영

1. 상속 면적의 반영

사업시행 지침 중 '1. 사업대상자'에서 네 번째 *표 미주 괄호에 (단, 농지 상속으로 인해 농지원부를 취득하였으나 영농이력이 없는 경우는 기한 제한 없음) 별도의 *표로 분리하여 농지법 규정에 따른 상속 면적을 반영하고 재촌비농업인과 동일 기준을 적용하기 위해 "*상속으로 인해 농지를 소유하여 농지원부를 보유하게 되었으나, 타인에게 임대하여 자신이 실제 영농에 종사하지 않았음을 입증[3])하는 귀농인 또는 재촌비농업인의 경우 영농이력이 없는 것으로 간주(농지법 제23조 제1항 7호 가목에 따라 상속으로 1만 제곱미터 초과의 농지를 소유하고 있는 경우는 농어촌공사에 위탁하여 임대 또는 무상사용하게 한 경우)"를 신설하여 상속으로 본의 아니게 농지원부를 보유하게 되었어도 실제 영농에 종사하지 않았다면 기존의 농업인이 아니었던 것으로 보아 비농업 기간[4])을 두고 있는 귀농 지원을 받을 수 있게 현실을 반영한 조치이다.

2. 축산귀농인 및 경영인 농업경력 인정

사업 시행지침 '2. 지원자격 및 요건'의 3항의 다섯 번째 하이픈(-) 중 6개월 이상의 영농경험자에게는 귀농 교육을 이수한 것으로 인정하고 있

---

3) 임대차계약서, 이장 및 마을주민의 확인서, 사진 등 실제 영농에 종사하지 않았음을 확인할 수 있는 문서 등의 증빙
4) (비농업기간) 사업신청일을 기준으로 최근 5년 이내에 영농경험이 없는 경우

는데 이를 2020년까지는 "농지원부를 가지고 있으면서 농업경영체(경영주)로 등록되어 있거나 되었던 기록이 있는 자 등"으로 하고 있는데 이를 축사만 보유하고 축산업을 하고 있던 사람은 농지원부 작성이 불가능한 현실을 반영하고 농업경영체의 경영주 외 경영인[5]도 농업경력을 인정하기 위해 "농지원부 보유 또는 농업경영체로 등록되어 있거나 되었던 기록이 있는 자 등"으로 변경하였다.

3. 전기화물차 구매 허용

사업 시행지침 '4. 지원자금의 사용 용도'에서 농업용 화물자동차도 전기차 대중화 추세에 따라 지원자금의 사용 용도에 포함했다. 이는 경종은 물론 축산분야에도 지원한다.

4. 사전대출한도의 확대

2019년부터는 귀농자금 관련 피해방지를 위해 사전대출 규모를 대출 가능 금액의 최대 10% 이내 또는 3천만 원 범위에서 계약금 및 선급금 등에 필요한 소요 금액으로 축소하여 운영하고 있었으나, 농업용화물자동차, 가축입식 등 사전준비자금의 증가 현실을 고려하여 사전대출의 대출한도를 최대 5천만원 범위(사업 신청 금액의 70% 초과 불가)로 증액하였다.

---

[5] 농업경영체의 경영주(농업경영체를 경영하는 주인), 경영인(주인은 아니지만 계약 등의 관계로 농업경영체를 경영하는 전문농업인)

5. 가축입식자금 사전대출 자금사용 허가

가축입식비용의 경우 2020년까지 "사전대출이 불가"하였으나, 가축입식 시 발생하는 현실적인 문제를 반영 이 문구를 삭제하고 가축입식자금의 사전대출을 허가하였다.

4 법률 및 제도의 변경에 따른 변화

1. 농산업 도농협력 일자리 사업의 종료 및 변경 반영

시행지침 '2. 지원자격 및 요건'의 3항 교육이수 실적에 농산업 노동협력 일자리사업 참여시간에 대한 규정을 해당 사업이 종료되고 농촌인력중개센터 사업으로 변경됨에 따라 이를 농촌인력중개센터로 변경하고 이에 대한 요건 인정은 농촌인력중개센터에서 발급한 일자리참여 확인서로 참여시간의 50% 범위 내에서 최대 40시간까지 교육시간으로 인정한다.

2. 농산업인턴제도 사업종료에 따른 내용 삭제

사업 시행지침 '2. 지원자격 및 요건'의 3항의 다섯 번째 하이픈(-) 중 농산업인턴이수자(100시간 이상)에게는 귀농 교육을 이수한 것으로 인정하고 있는데 농산업인턴제도의 사업종료로 귀농 교육 이수 요건에서 삭제되었다.

5 기타 변화

첫째, 가점 기준에 "영농창업특성화과정 이수자"가 포함되었다. 둘째, 선정심사위원회에는 선정위원 구성 "최소 3인" 규정이 신설되었다. 셋째, 가족관계등록부의 행정정보 공동이용 불가로 개인 신용 등 확인을 위한 신용조사서, 사업자등록 여부 확인을 위한 사업자등록사실여부증명서 제출이 의무화되었다.

이 절에서는 지원정책이 대전환된 2019년부터 2021년까지 주요하게 변경된 지원정책 내용만을 알아보았고 2021년 시행되고 있는 지원정책에 전반에 대해서는 부록의 '2021년 귀농 농업창업 및 주택구입지원사업 지침'을 참고하길 바란다. 2021년 귀농 농업창업 지원사업 신청자 심사기준의 자세한 해설은 '제2장 농업창업 지원사업 평가 고득점 전략'에서 설명하고자 한다.

귀농 농업창업 지원사업 평가 고득점 전략

1 귀농 및 재촌 비농업인 공통 고득점 전략

　2019년의 가장 큰 변화는 그동안 선착순 지원 방식으로 어느 정도의 요건만 갖추면 배정된 예산의 소진 시까지 자금 지원을 했던 것을 2019년부터는 지방자치단체별 배정된 예산 내에서 신청자를 대상으로 사업계획, 추진 의지 등을 '사업자 선정 심사위원회'에서의 심층 면접을 통해 그 심사 결과에 따라 선정 여부가 결정되는 선발하는 방식으로 전환된 것이다. 사업대상자 선정심사위원회는 상·하반기 2회 개최를 원칙으로 하되 각 시·도, 시·군의 실정에 맞도록 개최 시기를 탄력적으로 운영할 수 있도록 하여 귀농을 준비하고 있는 분들은 귀농 농업창업 지원사업 신청 전 시·군 관련 부서에 접수 일정에 대한 사전 확인이 꼭 필요하게 되었다.

　귀농 농업창업 지원사업의 심사기준은 귀농 인원수 등 정량평가는 20%, 선정심사위원회에서의 심층 면접을 통한 심사위원의 정성평가가 80%로 정성평가가 대폭 확대되었다. 특히 정성평가에는 창업계획서 기반 평가가

70%로 귀농 농업창업계획서 작성이 매우 중요한 요소가 된 것이다.

2020년부터는 재촌 비농업인 농업창업 지원사업 신청자 심사기준이 새롭게 신설되어 운영되는 것이 특징적인 것으로, 정량평가가 교육 이수 실적 단 한 항목 15%로 구성되어 있으며 정성평가는 전체적으로 85%, 창업계획서 기반 평가도 75%로 일반 귀농 농업창업 지원사업보다 높은 비중으로 설계·운용되면서 재촌 비농업인의 경우 귀농 농업창업계획서 작성 역량이 더 중요하게 되었다. 자세한 평가항목 및 배점 사항은 다음의 표를 참고하기를 바라며 다음의 1절부터 제시한 항목별 고득점 전략을 충분히 이해하고 준비해 나가길 바란다.

■ 귀농 농업 창업지원 심사기준표

(단위 : 점)

□ 귀농 농업창업 및 주택구입 지원사업 신청자 심사기준

평가분야	평가 항목	배점	평가비중	등급설명
정량	귀농 인원수	5	5%	농촌 이주 가족 수(본인 포함)
	교육 이수 실적	10	10%	농업, 귀농·귀촌 관련 교육 이수 실적
	전입 후 농촌 거주	5	5%	거주기간
정성	사업지침 의무조항습득	10	10%	자격 기준, 목적 외 사용 등 유형 및 준수 규정 습득 여부, 자금관련 피해 사례인지 여부 등
	영농정착 의욕	20	20%	세대주의 영농정착 의욕(사업계획)
	융자금 상환계획의 적절성	10	10%	수입, 지출의 구체성 및 현실성(사업계획)
	사업계획의 적정성 및 실현 가능성(40점)	20	20%	재배지역, 재배 기술상의 적합성 및 타 농가 재배작목과의 작목 집단화(조화) 가능성(사업계획)
		20	20%	투자·자금 조달계획 및 생산·판매 계획의 적정성과 실현 가능성(사업계획)
계		100	100%	정량비중 20%, 정성 비중 80% (사업계획 평가 70%)

□ 재촌 비농업인 농업창업 지원사업 신청자 심사기준

평가 분야	평가 항목	배점 (만점)	평가 비중	등급설명
정량	교육 이수 실적	15	15%	농업, 귀농·귀촌 관련 교육 이수 실적
정성	지역 활동 참여도	5	5%	마을회의, 행사, 지역 단체 등 참여 및 활동 계획의 구체성, 적극성(사업계획서)
	사업지침 의무조항습득	10	10%	자격기준, 목적외 사용 등 유형 및 준수 규정 습득 여부, 자금관련 피해 사례인지 여부 등
	영농정착의욕	20	20%	세대주의 영농정착 의욕(사업계획)
	융자금 상환계획의 적절성	10	10%	수입, 지출의 구체성 및 현실성(사업계획)
	사업계획의 적정성 및 실현 가능성(40점)	20	20%	재배지역, 재배기술상의 적합성 및 타농가 재배작목과의 작목집단화(조화) 가능성(사업계획)
		20	20%	투자·자금 조달계획 및 생산·판매 계획의 적정성과 실현가능성(사업계획)
계		100	100%	정량비중 15%, 정성비중 85% (사업계획 평가 75%)

1 교육 이수 실적

필자가 출강하고 있는 귀농·귀촌 강의에서 "여러분께서는 이 교육에 어떻게 오시게 되었습니까?" 수강자에게 질문하고는 한다.

이 질문에 "자금을 지원받아야 하는데 교육 이수 실적이 평가 기준이라서요."라는 답변이 대다수를 이룬다. 이 책을 읽고 계시는 독자 여러분들 중에서도 같은 의견을 갖고 계신 분들이 상당수일 것으로 생각한다. 이 답변을 듣고 필자는 수강자분들에게 한 번 더 질문해 본다. "그럼 여러분들

몇 시간을 교육받아야 하는지 아십니까?"이에 수강자 대다수는 자신 있게 "100시간이요"라고 입을 모아 대답한다.

일단, 교육 이수 실적은 최소한 100시간 이상이 필요하며 이때 가장 낮은 평가 등급인 'D' 등급에 해당하고, 모든 평가항목에서 최하 점수인 'D' 등급을 받는다고 하더라도 합계점수가 '56점'으로 '60점 이상' 신청자에게는 자금 지원 추천되는 절대평가가 시행되었던 2018년까지는 틀린 말은 아니었다. 그러나 중앙정부로부터 예산 배정을 받은 전국의 지방자치단체별로 지원 규모를 정하고, '60점 이상자 중 고득점자순'으로 자금 지원 추천이 되는 상대평가가 현재 시행되고 있는 제도 아래에서는 틀린 말이다. 귀농 후보지인 지방자치단체별로 지원 규모가 달리 정해지고 선정 절차의 대변화가 시작된 2019년 한 지방자치단체에서는 상반기 단 1명 지원으로 사업이 마감되는 극단적인 사례도 있었고 다른 지방자치단체에서도 배정된 예산 범위 내에서 고득점순으로 지원 여부가 결정되는 신청자 간 상대평가가 적용되는 만큼, 특히 경쟁률이 높은 지방자치단체는 더욱, 최대한의 교육 이수 실적이 필요하다. 최고 평가 등급인 'A' 등급(10점)과 최하 평가 등급인 'D' 등급(4점)의 차이인 6점은 당락을 결정할 수 있는 큰 점수 차이이며 이 항목은 평가에서 심사위원회의 판단이 개입되지 않는 객관적인 실적을 대상으로 하는 정량평가 분야로 개인적인 귀농 준비 노력을 심사위원회의 인정에 호소할 수 없는 항목임을 명심하도록 하자. 이 항목의 목표는 아래의 point 박스를 참고하여 최고 등급인 'A' 등급(10점)을 목표로 준비해 나가길 권고한다.

> **Point** 교육 이수 실적 챙기기

- 신청일 기준 5년 이내 교육 수료증 관리 철저(교육 수료증 인정기한)
- 공인 교육기관 주관 교육 참여
    ▸ 공인 교육기관은 농림축산식품부(농림수산식품교육문화정보원 포함), 농촌진흥청, 산림청, 지자체가 주관하거나 교육 위탁기관의 귀농영농 교육
- 공인 교육기관 위탁·공모 귀농 및 일반 농업교육의 경우 농업교육포털(www.agriedu.net) 수료증 발급 시만 인정
- 귀농 후보지 지자체(도·시·군) 위탁·공모 교육 및 행사 문의 후 참여
    ▸ 지방공기업 귀농 교육, 창조경제혁신센터 귀농 교육, 지자체 지정 멘토·멘티 활동, 지자체 귀농 투어 참여(단, 농업교육포털 등록 과정 확인, '17년 이전의 활동은 지자체 발급 확인서·수료증 인정)
- 도시농업인 농사요령 교육과정, 도시농업전문가 양성과정 40시간 인정
    ▸ 농업교육포털의 사이버교육 시간도시농업전문가양성과정에 귀농귀촌 교육을 더하여 90시간 과정으로 운영한 경우 → 도시농업전문가 양성과정 40시간 + 귀농귀촌 교육 10시간 = 50시간으로 인정
    ▸ 도시농업전문가 양성과정을 80시간 과정으로 운영한 경우 → 인정안함
- 아래의 활동은 참여 시간의 50% 안의 범위에서 최대 40시간까지 교육 시간으로 인정함으로 꼭 체크하여 실적을 확보하기를 바람
    ▸ 농업교육포털의 사이버교육 시간
    ▸ (농촌재능나눔) 한국농어촌공사(1365포털, https://www.smilebank.kr), 사회복지자원봉사(https://www.vms.or.kr) 발급(봉사자모집에서 신청, 희망 봉사 활동 등록에서 지역사회 봉사-농촌봉사로 신청 가능)
    ▸ (농촌봉사활동) 읍·면·동사무소 등 행정기관 발급 봉사활동 확인서
    ▸ (농촌인력중개센터) 농림수산식품교육문화정보원이 운영하고 있는 도농인력중개 서비스(https://www.agriwork.kr)에서 발급한 일자리참여 확인서
- 귀농교육 이수 인정(100시간)
    ▸ 6개월 이상인 영농경험자 중 아래 증빙을 모두 갖춘 자
    ▸ 농지원부 보유 또는 농업경영체 등록증 보유, 기록이 있는 자
    ▸ 실제 영농을 통해 농산물을 수확·판매한 실적과 비료, 가축, 종자, 농자재 등의 구입 자료를 제출한 자
    ▸ 농과계 학교(농고·농대) 졸업자(40세 미만 신청자에 한함)
    ▸ 후계농업인
      후계농업인으로 인증 가능한 경우 이를 획득할 수 있도록 노력 필요

다음의 표는 2020년 시행 심사기준 중 교육 이수 실적 부분이니 참고하고 독자 여러분 현재의 자가 진단과 목표를 정하실 때 활용하기를 바란다.

■ 귀농 농업 창업지원 심사기준표 중 교육 이수 실적 분야

(단위 : 점)

평가 항목		등급				등급 기준
		A	B	C	D	
2. 교육 이수 실적 (10점)	농업, 귀농·귀촌 관련 교육 이수 실적	10	8	6	4	• A : 250시간 이상인 경우 • B : 200시간 이상인 경우 • C : 150시간 이상인 경우 • D : 100시간 이상 * 교육 이수 실적은 농림축산식품부, 농촌진흥청, 특별광역시도, 시군구 등이 주관 또는 지정 교육기관에서의 이수 실적만 인정 * 기간이 2일 이상 유효(예외 : 귀농센터, 지자체 교육) * 사이버교육, 농촌재능나눔, 농촌봉사 활동, 농촌인력중개센터 참여시간의 50%를 최대 40시간까지 인정 * 교육과목이 개설되지 않은 특별작목(예 : 선인장 등) 재배농가에서의 실습 실적(재배농가 주소지 관할 농업기술센터 소장이 인정한 경우에 한함)도 교육훈련실적으로 인정 가능 * 농과계 졸업자, 영농종사일수 6개월 이상 이수자는 교육이수 100시간과 동일하게 인정 * 교육 이수 실적 100시간 미만은 '0'점

2 사업지침 의무조항 습득

본 선정기준에 대한 고득점 평가를 위해서는 선정심사위원회 참여 이전에 2021년 귀농 농업창업 및 주택구입지원 사업시행지침6)을 꼼꼼히 읽고 충분히 이해하고 있어야 하며 관련한 심사위원의 질문에 막힘없이 답변해야만 높은 점수를 획득할 수 있다.

사전에 이해해야 하는 주요 사항은 자격 기준, 목적 외 사용 등 유형 및 준수 규정 습득 여부, 자금 관련 피해 사례인지 여부 등으로 선정기준에서 제시하고 있으며 이를 차례대로 살펴보면 다음과 같다.

첫째로, 자격 기준이다. 이는 2021년 귀농 농업창업 및 주택구입지원 사업시행지침에서 규정하는 사업대상자인 농촌 외의 지역에서 농업 외의 산업 분야에 종사했거나 현재하고 있는 사람7)이 농업을 전업으로 하거나, 농업에 종사하면서 이와 관련된 자가(自家) 생산 농산물의 농식품 가공·서비스업을 겸업하기 위해, '농촌'으로 이주하여(재촌 비농업인 제외) 농업에 종사하는 또는 하려는 자로써 사업 신청연도 기준 만 65세 이하(2021년 기준, 1955. 1. 1. 이후 출생자. 단, 주택 구입 및 신축 자금은 연령기준을 적용제외)인 자로서 세대주인 자로 정의하고 있으며, 2019년 7월 1일 이후부터는 농촌 지역에 거주하는 사람 중 농업인이 되고자 하는 사람으로서 귀농어·귀촌법 시행령으로 정하는 기준에 해당하는 사람도 신청할 수 있도록 하고 있다. 또한, 사업대상자 및 지원자격 요건을 충족하면서 시장·군수가 '귀농 농업창업 및 주택구입지원사업 대상자 선정심사위원회'의 심사를 거쳐 창업대상자로 선정한 사

---

6) 본서 부록 '2021년 귀농 농업창업 및 주택구입 지원사업 시행지침' 참조
7) 농촌 외의 지역에 거주하면서 농지원부 또는 농업경영체에 등록한 자로서 그 기간이 2년 이하인 자 중 이미 농촌으로 이주한 자

람으로 이러한 사업대상자는 이주기한, 거주기간, 교육 이수 실적을 모두 충족해야 한다. 이주기한 요건으로는 농촌지역 전입일로부터 만 5년이 경과하지 않은 세대주로서 농촌에 가족과 함께 실제 거주하면서 농업에 종사하고 있거나 하고자 하는 사람(주민등록등본상 단독세대주도 가능)으로 정의되며, 거주기간은 농촌지역 전입일을 기준으로 농촌지역 이주 직전에 1년 이상 지속적으로 농촌 외의 지역에서 거주한 사람으로써 농촌 외 지역에서 농촌지역으로 이주 후 다른 농촌으로 재이주한 경우, 최초 농촌지역 전입 시점으로부터 만 5년이 경과(이 경우 최초 농촌지역 전입일부터 사업신청일까지 농촌지역 거주기간은 연속되어야 함)하지 않았으면 사업대상자로 신청이 가능하다. 교육이수실적은 100시간 이상을 보유하고 있어야 하며 자세한 내용은 바로 위 본서 '2장 제1절 ① 교육 이수 실적'을 참고하기 바란다.

> **Point 지원 자격 기준**
>
> - 사업대상자
>   - ▶ (귀농인)농촌 외의 지역에서 농업 외의 산업분야에 종사한(하는) 자
>   - ▶ (재촌 비농업인)농촌지역에서 거주하면서 농업에 종사하지 않은 자
>   - ▶ 농업을 전업으로 하거나, 농업에 종사하면서 이와 관련된 자가(自家) 생산 농산물의 부가가치 제고를 위한 농식품 가공・서비스업을 겸업하기 위해 '농촌'으로 이주하여 농업에 종사하는 자
>   - ▶ 사업신청연도 기준 만 65세 이하(1955.1.1. 이후 출생자)인 자
>   - ▶ 세대주인 자(주민등록등본상 단독세대주도 가능)
>   - ▶ 농촌 외의 지역에 거주하면서 농지원부 또는 농업경영체에 등록한 자로서 그 기간이 2년 이하인 자 중 이미 농촌으로 이주한 자
>   - ▶ 사업대상자 및 지원자격 요건을 충족하면서 시장・군수가 '귀농 농업창업 및 주택구입지원사업 대상자 선정심사위원회'에서 선정된 자
>   - ▶ 사업대상자 및 지원자격 요건을 충족하면서 청년창업농 영농정착 지원사업 대상자로 선정, 청년귀농 장기교육을 수료한 자는 선정시 우대

- **지원자격 및 요건**
  - 사업대상자는 이주기한, 거주기간, 교육이수 실적을 모두 충족해야 함
  - (이주기한) 농촌지역 전입일로부터 만 5년이 미경과 세대주로 농촌에 가족과 실제 동거하면서 농업에 종사하고 있거나, 하고자 하는 자
  - (거주기간) 농촌지역 전입일을 기준으로 농촌지역 이주 직전에 1년 이상 지속적으로 농촌 외의 지역에서 거주한 자, 농촌지역으로 이주 후 다른 농촌으로 재이주한 경우 최초 농촌지역 전입 시점으로부터 연속하여 만 5년이 경과하지 않는 자(재이주가 연속되지 않을 경우 이주 직전 1년 이상 농촌 외 지역 거주자로 제한)
  - (교육이수 실적) 귀농·영농교육 100시간 이상 이수자로 자세한 내용은 본서 '2장 제1절 ① 교육 이수 실적'을 참고

둘째로, 목적 외 사용 등 유형 및 준수 규정 습득 여부이다. 귀농 농업창업 및 주택구입지원 사업은 정부의 예산으로 대출금 이자의 일부를 지원하는 사업으로서 사업대상자는 「농림축산식품분야 재정관리 기본규정」 등 관련규정에 따른 의무사항을 반드시 준수하여야 한다. 이는 대출금 수령 후 상환 기간(15년간)은 사업장소에 거주하며 농업에 종사하여야 함을 규정하고 있으며, 시·군·구의 사전 승인없이 사업장(농지·주택 등) 매각, 사업 포기(대출 미실행), 지원받은 농지에 주택건축, 다른 지역으로 이탈하는 경우에는 대출금 회수, 연체이자 부과, 제재부가금 부과, 농림사업자금 지원 제한 등은 물론 '형사 고발'까지 될 수 있음을 꼭 알아야 한다.

> **Point 벌칙 신설 조항**
>
> - 귀농어·귀촌 활성화 및 지원에 관한 법률(약칭 : 귀농어귀촌법)
>   - 제28조 (벌칙), 시행 2019.7.1.
>   - 거짓이나 그 밖의 부정한 방법으로 지원금을 받거나 타인으로 하여금 지원금을 받게 한 자는 10년 이하의 징역 또는 2천만원 이하의 벌금에 처한다.
>   - 지원금을 지원 목적과 다른 용도에 사용한 자는 1년 이하의 징역 또는 1천만원 이하의 벌금에 처한다.

셋째로, 자금 관련 피해 사례를 잘 알고 있는지(인지, 認知)에 대한 여부이다. 이는 선정심사위원회는 물론 금융기관 등에서도 사전 확인을 의무적으로 확인하고 있으므로 중요한 사항이다. 그 내용으로는 귀농 농업창업 자금을 수급하는 귀농인을 대상으로 기획부동산형, 영농조합법인형, 묘목상형, 애견분양형 등 피해 사례를 유형별로 알고 있어야 하며 심층면접 시 질문이 나온다면 적절하게 답변해야만 좋은 평가를 받을 수 있다.

> **Point 유형별 구체적 피해사례**
> - **기획부동산형**
>   싼값에 토지·주택 분양 후 인허가 등의 핑계로 지연하는 사례
> - **영농조합법인형**
>   작물수확량이나 수익을 뻥튀기로 회원모집 후 판로 미확보, 가격폭락 등 사업실패 이후 투자비를 갈취하고 도주하는 사례
> - **묘목상형**
>   개량 호두나무, 아로니아 등 예상소득을 과대포장하여 묘목을 판매한 이후 수확 이전 도주하는 사례
> - **애견분양형**
>   애견번식 및 분양업 홍보 후 비싼 값에 개·시설·사료 등 매매하는 사례

이러한 자격 기준, 목적 외 사용 등 유형 및 준수 규정 습득 여부, 자금 관련 피해 사례인지(認知) 여부 등을 충분히 숙지한 이후 선정심사위원회 참가 준비로 이 항목은 최고 등급인 'A' 등급(10점)을 목표로 준비해 나가길 권고한다. 다음의 표는 2021년 시행 심사기준 중 사업지침 의무조항 습득 부분이니 참고하고 독자 여러분 현재의 자가 진단과 목표를 정하실 때 활용하기를 바란다.

■ 귀농 농업 창업지원 심사기준표 중 사업지침 의무조항 습득 분야

평가항목	등급(점)				등급기준	
	A	B	C	D		
4. 사업지침 의무조항습득(10점)	10	8	6	4	• A : 매우 우수 • B : 우수 • C : 보통 • D : 미흡	*자격기준, 목적 외 사용 등 유형 및 준수 규정 습득 여부, 자금관련 피해 사례인지 여부 등

3 영농정착 의욕

영농정착 의욕은 사업계획서, 증빙서, 상담실적 등의 자료를 토대로 사업실행성과 농촌정착 가능성 정도를 평가하는 것으로 선정기준에서 제시하고 있다.

귀농을 계획하면서 경험하고 시행착오를 거치면서 향후 농업창업 시의 계획서를 작성한다면 귀농 농업창업계획서의 충실성과 이에 따른 증빙도 풍성하게 제시할 수 있어 선정심사위원회에서 상대적인 차별성을 어필(Appeal)할 수 있을 것이다. 그럼 영농정착 의욕 평가항목에서 최고점수인 'A' 등급 20점을 획득하기 위한 전략을 알아보기로 하자.

첫째, 사업계획서는 최대한 빈칸이 없도록 채우자. 특히 사업계획서 중 영농규모, 시설현황, 농기자재, 재배현황, 가축사육을 기재하는 '2. 영농기반'은 현재 영농현황을 기재하는 것으로 귀농을 하려는 단계에 있는 신청자는 공란으로 두실 수밖에 없는 항목이다. 그러나 이 항목이 공란으로 되어있는 경우보다 소규모라도 영농기반이 있는 경우가 당연히 영농정착에

대한 의욕이 높은 것으로 평가될 것이다. 귀농을 한번 생각해 보고 사전 조사 정도 수준의 사업계획보다는 귀농 후보지에 미리 내려와 자가이든 임차이든 일정 수준의 지역투자로 영농기반을 갖추고 농업에 종사하고 있다면 심사위원회에서는 해당 지역에 정착해서 지속적인 농업인으로 성장할 수 있을 것이라는 평가를 받을 수 있음은 충분히 예측 가능한 상황인 것이다. 현재 영농기반은 없지만 많은 준비를 하였고 이를 토대로 높은 영농정착 의욕을 인정받고자 하는 신청자들은 어떻게 할것인가. 답은 바로 '2.영농기반, ⑥기타 특기사항'의 충분한 활용이다. 사업시행지침의 귀농 농업창업계획서 양식에는 '향후 영농에 종사하고자 하는 경우에는 독특한 아이디어나 기술을 상세하게 기재'한다고 제시하고 있다. 이 란에는 그동안 조사하고 준비했던 영농계획의 실현 가능한 차별성을 구체적으로 제시해야 한다. 즉, 재배·육성에 대한 차별화된 기술, 농장운영 방안(경영관리 및 원가절감 활동 등), 판로확보 계획 및 현재까지의 진척사항, 지역특성에 따른 인력 및 물류 운용 등 농업기술과 경영에 대한 차별화 방안을 될수록 구체적으로 제시하도록 한다. 이 외 사업계획서의 항목도 공란없이 기재하고 내용은 보기 쉽고 구체적으로 기재하여 많은 준비를 통한 영농정착 의욕을 사업계획서에 그대로 드러낼 수 있도록 하며 이를 충분히 숙지하여 관련한 심사위원들의 질문에도 합리적인 답변을 준비하여 고득점 평가를 받을 수 있도록 해야 할 것이다. 더 자세한 내용은 '제5장 농업 창업사업계획 작성하기 실습'에서 알아보기로 한다.

둘째, 각종 증빙서는 사업계획서에 신뢰를 부여하는 매우 중요한 평가기준으로 농지원부·부동산등기부등본·부동산계약신고필증·임대차계약서 · 차량매매계약서 · 농기계등록 원부 등의 영농기반과 사업추진계획에서의 준비할 수 있는 증빙서는 바인더에 차곡차곡 수집하여 모아 놓도록 하자. 또한, 지역 활동 참여계획의 증빙서는 마을회의 및 행사 참여와 지역사회단체, 작목연구회, 작목반 등 지역 네트워크 활동과 관련하여 사진, 회원증 등의 증빙을 준비하도록 한다. 만약 증빙이 어렵다면 최소한 사전에 조사한 해당 지역 마을회의 및 행사에 대한 개요와 해당 지역에서 활동 중인 지역사회단체와 생산자단체 등을 조사한 자료를 정리하여 참여계획을 수립하여 제시하는 것도 좋은 방법이다.

상대 평가체계 아래에서 선정확률을 높이기 위해서는 말의 성찬(聖餐)이 아닌 사업신청서와 사업계획서 내용의 각종 근거를 제시하여 신청자의 영농정착 의욕에 대해 최대한 높은 평가를 받아야 한다.

> **Point** 영농정착의욕 평가를 위한 증빙서 준비사항
>
> ✤ 아래 증빙자료 중 해당하는 것은 모두 준비하기 바람
> - 영농기반 증빙자료
>   ▸ (영농기반)농지원부, 부동산매매계약서 · 등기부등본, 임대차계약서 등
>   ▸ (시설현황)부동산매매계약서 · 등기부등본, 임대차계약서, 건축물관리대장, 견적서, 건축계약서 등
>   ▸ (농기자재)매매계약서, 농기계등록원부 · 차량등록증 등
>   ▸ (재배현황/가축사육)원부자재 매입세금계산서(거래명세서), 판매세금계산서(거래명세서) 등
> - 사업계획
>   ▸ 과원조성 등 토목건축견적서, 건축시설공사견적서, 농기계 구매견적서(구매계획 한 국농기계공업협동조합 기준가격조사표-기종명/제조회사/규격/연식 등 기재)
>   ▸ 구매의향서, 오픈마켓 · 유통업체 입점 협의 메일 내용 등 판로확보 정도를 파악할 수 있는 모든 자료

- 지역활동참여(사진 및 회원명부·회원증 등 활동참여 증빙자료)
  ▶ 아래의 활동에 대해 농업기술센터 및 마을 주민대상 상담을 통해 지역활동 참여를 사전에 준비해 나가길 권고함
  ▶ 지역활동참가(마을회의 및 행사 참여 등)
  ▶ 농업생산자단체(농민단체, 작목조합, 작목별농업인 연구회, 작목반 등)
  ▶ 강소농모임, 자율모임체
  ▶ 생활개선회, 농촌지도자회, 4H회의 등 농촌사회네트워크

셋째, 상담실적은 귀농 농업창업 성공을 위해 발품을 팔아가면서 어느 정도의 노력을 해왔는지를 어필(Appeal)하는 분야이다. 상담실적은 귀농 농업창업과 관련된 이해관계자를 만나면서 있었던 귀농 준비과정을 설명함으로써 귀농 이후 시행착오를 줄이고 농업인으로써 귀농 지역에 정착하면서 농산업 영위의 지속가능성을 구체적으로 심사위원회에 제시하기 위한 것이다. 귀농 농업창업 관련 이해관계자는 군 귀농 담당관·농업기술센터 귀농 지원 담당자 등 귀농 정책담당자, 농고·농대 교수 등 학계, 귀농 컨설턴트·강사 등 전문가, 후보지 이장·지역 원로 등 지역주민, 농산업영위기업(농업법인·영농조합), 작목연구회·작목반 등 생산자단체, 농협 원자재구매 및 판로(공판장, 하나로마트 등) 담당자, 농협 시군지부나 지역농협 및 농신보(농림수산업자신용보증기금) 등 정책금융담당자, 농기계업체 대표, 귀농 선배 등으로 광범위하고 이러한 이해관계자를 만나 독자분들의 귀농 계획 수립과 실행을 위한 상담을 시행하고 상담실적을 확인받아 준비하기를 권고한다. 이는 선정심사위원회에서의 높은 평가를 받기 위해서만이 아니라 실제 귀농 성공을 위해서도 매우 중요한 활동이라 할 수 있다.

우리나라 속담에 이런 말이 있다. '말로 떡을 하면 조선팔도가 다 먹고도 남는다.' 이제 말보다는 사업계획서의 구체적인 내용작성, 이와 관련한 증

빙서와 상담실적 등의 눈에 보이는 증거를 최대한 많이 확보하여 최고점수가 20점으로 상대적으로 높은 배점 항목인 영농정착 의욕 평가에 대한 고득점 전략을 준비하고 실행해야 할 것이다.

■ 신청자 영농정착 의욕 심사기준

평가항목		등급(점)				등급기준
		A	B	C	D	
5. 영농정착 의욕 (20점)	세대주의 영농정착 의욕	20	15	10	5	• A : 영농정착 의욕이 매우 높은 자 • B : 영농정착 의욕이 높은 자 • C : 영농정착 의욕이 보통인 자 • D : 영농정착 의욕이 낮은 자 * 사업계획서, 증빙서, 상담실적 등의 자료를 토대로 사업실행성과 농촌정착 가능성 정도를 평가

4 융자금 상환계획의 적절성

2020년 이후 평가항목 '융자금 상환계획의 적절성'이 신설되어 최고 'A' 등급의 경우 10점이 배점 운영되는 평가항목으로 선정에도 적지 않게 영향을 줄 수 있는 항목이다.

이 평가항목은 수입과 지출의 구체성과 현실성을 사업신청서와 사업계획서를 토대로 평가하는 것이다. 사업신청서에는 '사업 신청내용' 기재항목이 있는데 세부 항목으로는 농업창업자금 총액과 이에 대한 자기 부담 금액과 정책융자 등 자금조달 내용을 사업계획서를 근거로 기재하게 되어 있다. 이는 사업계획서에 있는 '4. 사업계획의 ① 사업비 투자계획'의 내용을 참고하여 합산한 금액을 기재하는 것이다.

융자에 대한 상환계획을 제시하기 위해서는 사업계획서의 '4. 사업계획' 내에 있는 '① 사업비 투자계획'에 따른 '④ 향후 사업(신청사업 분야)계획'의 연간 판매 수입과 경영비를 산출해야 한다. 이때는 농지구입·시설구축 등 영농규모와 재배·육성 품종에 따라 합리적으로 산출해야 하는데 예를 들어 100㎡에 1기작 평균 10kg 생산이 되는 품종이 있고 상품(上品)기준 kg당 평균 5,000원에 판매되는 귀농 아이템으로 제시한다고 했을 때 귀농계획에 영농규모 1,000㎡를 제시해 놓고 연간판매 수입을 100만원으로 제시한다면 예상 가능한 합리적인 연간판매 수입 50만원[8]보다 터무니없이 많이 제시하는 결과로 적절한 예상판매 수입으로 평가받을 수 없을 것이다. 이러한 연간판매 수입에서 경영비를 차감하면 예상 '농업이익'을 산출할 수 있는데 이러한 연간 벌어들인 '농업이익'으로 융자금을 적절한 기간 내에(5년거치 10년 분할상환[9]) 상환이 가능한지와 상환계획을 수립하기 위해 예상한 연간판매 수입과 경영비지출이 구체적이고 현실적인가를 평가하기 위한 것이다. 적절하고 구체적인 융자금 상환계획의 제시로 최대한 고득점을 획득할 수 있도록 해야 한다. 더 자세한 내용은 '제5장 농업 창업사업계획 작성하기 실습'에서 알아보기로 한다.

■ 신청자 융자금 상환계획의 적절성 심사기준

평가 항목		등 급(점)				등 급 기 준	
		A	B	C	D		
6. 융자금 상환계획의 적절성 (10점)	수입, 지출의 구체성 및 현실성	10	8	6	4	• A : 매우 우수 • B : 우수 • C : 보통 • D : 미흡	*사업신청서와 사업계획서를 토대로 평가

---

8) 1,000㎡의 생산량(≒판매량) = 10kg/100㎡) × 10 = 100kg, 1,000㎡의 예상 연간 판매 수입 = 100kg × 5,000원 = 500,000원
9) 대출실행 이후 5년간은 이자만 내다가 이후 10년간은 원금과 이자를 함께 상환하는 방식

5 사업계획의 적정성 및 실현가능성

1. 재배지역·재배 기술상의 적합성 및 타 농가 재배작목과의 작목 집단화(조화) 가능성

사업계획의 적정성 및 실현 가능성 평가항목 중 재배지역·재배 기술상의 적합성 및 타 농가 재배작목과의 작목 집단화(조화) 가능성은 절반(20점)을 차지할 만큼 중요한 항목이다. 이 세부 평가항목은 크게 '재배지역·재배 기술상의 적합성'과 '타 농가 재배작목과의 작목 집단화(조화) 가능성'의 두 가지로 나누어 생각해 볼 수 있으며 기술적인 측면을 평가하는 항목이다.

첫째로, 재배지역·재배 기술상의 적합성은 어떻게 보면 너무나 당연하고 기초적인 농업기술 측면일 것이다. 재배지역의 기상·토양환경, 귀농지역에서 계획하고 있는 작목의 재배면적·생산량·가구수, 병충해(질병) 등의 조사를 통해 귀농 지역에 적합한 재배작목인지 재배(사양)기술의 적용 인지를 창업계획서에 기술해야 한다. 구체적인 내용은 농촌진흥청에서 운영하는 **농사로 농업기술포털**[10])에서 제공하는 자료를 활용하면 매우 유용할 것이며 더 자세한 내용은 '제4장 작목결정과 매출액추정의 메카니즘'에서 알아보기로 한다. 또한, 축산업을 준비하는 귀농인의 축사부지 구입의 경우 축사신축 가능 여부를 심사평가시 확인하는 만큼 후보지 토지대장의 지목에 농지 등 확인할 수 있는 서류를 준비해야 하고, 지자체의 인허가 가능여부 및 이장과 주민들의 민원 소지 등을 확인하고 동의서, 확인서 등 서류로 준비할 수 있도록 노력해야 한다.

둘째로, 타 농가 재배작목과의 작목 집단화(조화) 가능성은 귀농지역(인근

---

10) 자료는 농사로 농업기술포털(https://www.nongsaro.go.kr)의 메인페이지 상단 두 번째 영농기술의 작목기술 정보를 참고하기를 바람

지역 포함)의 동일한 또는 관련성이 높은 작목의 재배(사양) 농가가 존재하여 집단화나 조화를 통해 시너지를 창출할 수 있는가를 평가하는 세부 항목이다. 동일한 재배(사양)작목 간의 작목연구회, 작목반 등 생산자단체에 참여할 계획을 수립한다면 참여하고 있는 농가 간 정보공유 등을 통해 지속적인 재배(사양)기술이 발전할 것이고, 원부자재의 공동구매가 가능하여 농가 수익 창출에도 유리할 것이기 때문이다. 또한, 관련 재배(사양)작목 농가와의 협업을 통해 해당 작목의 재배(사양)에 유리한 환경[11]을 조성하는 것도 향후 농업창업 성공의 중요한 요인으로 작용할 것이다.

귀농 지역의 철저한 재배(사양)환경 사전조사(기존자료와 선배농민·귀농정책 담당자와의 인터뷰)를 통해 단기적으로는 귀농지역의 기존 인프라를 충분히 활용하거나 지역농업 네트워크에 참여하고 중장기적으로는 귀농 신청인의 농업경영체 확장을 위해 필요한 신규 인프라나 생산자단체의 구성 계획을 제시하여 이 평가항목에서 최대한 높은 점수의 획득을 준비해야 한다.

■ 신청자 재배지역, 재배 기술상의 적합성 및 타농가 재배 작목과의 작목집단화(조화) 가능성 심사기준

평가 항목	등급(점)				등급 기준
	A	B	C	D	
7. 사업계획의 적정성 및 실현가능성(40점) 재배지역, 재배기술상의 적합성 및 타농가 재배 작목과의 작목집단화(조화) 가능성	20	15	10	5	• A : 매우 우수 • B : 우수 • C : 보통 • D : 미흡 * 사업신청서와 사업계획서를 토대로 평가 * 축사부지 구입의 경우 축사신축 가능 여부 확인

---

11) 경종작목의 경우 축산농가와의 퇴비분뇨 공급이나 사료 공급 등의 협업

2. 투자·자금 조달계획 및 생산·판매 계획의 적정성과 실현 가능성

　사업계획의 적정성 및 실현 가능성 평가항목 중 투자·자금 조달계획 및 생산·판매 계획의 적정성과 실현 가능성도 절반(20점)을 차지하고 있는 중요한 항목이다. 이 세부평가 항목은 크게 '투자·자금 조달계획의 적정성과 실현 가능성'과 '생산·판매 계획의 적정성과 실현 가능성'의 두 가지로 나누어 생각해 볼 수 있으며 경영적인 측면을 평가하는 항목이다.

　첫째로, 투자는 자기자본으로 신청자 본인의 투자금(퇴직금 or 저축금액)이나 가족으로부터 받은 투자금(투자는 내 돈이다. 단, 무이자라 하더라도 상환을 약속한 금액은 융자로 타인자본에 해당함.) 등이며, 융자는 타인자본으로 정책자금을 포함한 금융기관으로부터 받은 대출(남의 돈)을 말한다. 자금 조달계획이란 농업창업을 위해 필요한 창업 소요자금을 어떻게 조달할 것인가라는 문제이다. 농지구입, 하우스 신축, 농기계 구입 등에 소요되는 총 필요자금 중에서 자기가 준비할 수 있는 자금과(자기자본) 총 필요자금에서 자기자본을 뺀 부족 자금은 타인자본 즉 융자로 조달하는 자금계획을 세울 수 있을 것이다. 이때 자기자본(내 돈, 투자)과 타인자본(남의 돈, 융자)의 구성비는 어떻게 하는 것이 적절한가? 통상 돈을 빌려주는 입장(금융기관 등)에서는 사업의 주체가 자기자본(내 돈)을 50% 이상 부담하기를 바라지만 만약 그것이 힘들다면 적어도 30% 내외로 투자하는 사업에 융자 여부를 고민하지 총사업비 전부(100%)를 융자로(남의 돈) 하는 사업에는 통상 매력을 느끼지 못한다. (심지어 담보가 있더라도 담보가액 100%를 융자해주지 않음. 독자 여러분이 입장을 바꿔 돈을 빌려주는 입장이라고 생각하면 빨리 이해가 될 것임) 이러한 이유로 귀농 농업창업자금의 대출한도인 3억원을 융자받으려면 총사업비가 4억2천8백만원이 소요되는 사업계획에 자기자본 1억2천8백만원은 있어야 한다. 귀농 농업창업을 계획하고 있는 분들은 자신의 사업계획에 따라 이를 충분히 참고하여 적절하고 실현가능성있는 자금조달계획을 수립하여 고득점을 평가받을 수 있도록 준비해야 한다. 더 자세한 내용은 '제5장 농업창업사업계획 작성하기 실습'에서 알아보기로 한다.

Point 자금계획 수립 사례

구분	자금소요처	수량	단가	금액	구성비	비고
필요자금	농지구입	1	20,000	20,000		
	하우스신축	1	10,000	10,000		
	농기계 구입 등	1	10,000	10,000		
	필요자금 계(A)			40,000	100%	
자기자본(B)	내돈, 투자금액			12,000	30%	(B)÷(A)
부족자본(C)	남의돈, 융자			28,000	70%	(A)−(B), (C)÷(A)

둘째로, 생산·판매 계획의 적정성과 실현 가능성은 귀농 농업창업 계획서상 영농규모와 재배(사육) 작목의 정합성이 무엇보다 중요하다. 영농계획에는 없는 판매계획이 존재하거나 준비 중인 영농계획보다 터무니없이 높거나, 낮은 판매계획을 제시한다면 적정성과 실현 가능성에서 좋은 평가를 받기 어려울 것이기 때문이다.

이 부분은 다른 평가항목인 영농정착의욕, 융자금 상환계획의 적절성, 사업계획의 적정성 및 실현가능성 중 재배지역·재배기술상의 적합성 및 타 농가 재배작목과의 작목집단화(조화) 가능성 등 사업계획서로 평가되는 항목에 영향을 미치며 다른 평가항목의 결과로 도출되는 매우 중요한 항목이다. 아직 재배(사육) 작목의 결정을 하지 못한 귀농 준비자들에게는 재배(사육)

작목을 결정하거나, 이미 작목을 결정한 분들에게도 수정이 필요한 경우가 있을 수 있는데 이에 대한 준비도 필요할 것이다. 그리고, 판매수입금액의 결정은 농업 창업계획의 '꽃'이라고 표현할 수 있을 정도로 중요한 부분인데 필자가 심사나 컨설팅을 수행하다 보면 너무 쉽게 생각하는 경향이 많은 분야이기도 하다. 판매수입계획이 아니라 통상 희망하는 금액 또는 앞선 영농계획과는 상관없이 대략적인 추측금액을 기재하는 우를 범하는 경우가 흔하게 나타난다. 보다 합리적인 계획 수립을 통한 고득점 전략을 위해 본 서에서 가장 중요하게 다루고 있는 내용으로 더 자세한 내용은 '제4장 작목결정과 매출액추정의 메카니즘'에서 확인하고 꼭 이해하기 바란다.

■ 신청자 투자·자금 조달계획 및 생산·판매 계획의 적정성과 실현가능성 심사기준

평가항목	등급(점)				등급기준
	A	B	C	D	
8. 사업계획의 적정성 및 실현가능성(40점) 투자·자금 조달계획 및 생산·판매 계획의 적정성과 실현가능성	20	15	10	5	• A : 매우 우수 • B : 우수 • C : 보통 • D : 미흡 * 사업신청서와 사업계획서를 토대로 평가

6 가점 사항

귀농 농업 창업지원 심사의 본 평가항목 배점은 100점 만점으로 운용되고 있다. 그러나 60점 이상 평가를 받은 신청자 중 예산 범위내에서 고득점자순으로 지원되는 상대평가체계 하에서 부여되는 가점을 최대한 활용하는 것도 중요한 고득점 전략 중 하나이다.

2021년 현행 심사기준에서의 가점은 청년 관련 사항 5점과 교육·인증·자격증 보유 등 관련 사항에 3점으로 총 8점이 부여되고 있다. 단, 이러한 가점은 사업대상자 및 지원 자격요건을 충족한 자에 한해서 부여된다.

청년 관련 가점 사항은 청년창업농 영농정착 지원사업 대상자로 선정되거나 청년귀농 장기교육을 수료한 자이며, 교육·인증·자격증 보유 등 관련 사항은 총 9개 항목으로 구성되어 있으며 이 중 3개 이상에 해당하면 3점, 2개 이상은 2점, 1개는 1점의 가점을 부여한다. 영농사업계획 관련 분야 국가기술자격증, 정보통신분야 자격증, 귀농 창업 관련 과정에 대한 세부 내용에 대해서는 '귀농귀촌종합지원센터'에서 안내하고 있는 아래의 가점사항 조견표 내 주석사항을 꼭 확인하기 바란다.

■ 가점사항 조견표

가점 항목	가점	비고
청년	5점	• 청년창업농 영농정착 지원사업 선정 대상자 • 우수청년귀농 장기교육과정 수료자 * 사업대상자 및 지원자격 요건을 충족한자에 한함
기타 ☐ 3개 이상 3점 ☐ 2개 이상 2점 ☐ 1개 1점	3점	① 영농 사업계획과 관련 분야의 국가기술자격증 소지자[1]. ② 친환경농산물인증을 받은 경우 ③ 정보통신분야의 자격증을 소지한 경우[2] ④ 농산물 관련 유통 및 무역 등에 1년 이상 종사자 ⑤ 여성 ⑥ 대학생창업연수과정 이수자 ⑦ 농대영농정착과정 이수자 ⑧ 영농창업특성화과정 이수자[3] ⑨ GAP 인증을 받은 경우

		1) 국가기술자격법에 의해 규정된 국가자격 중 영농 관련 자격증으로 원예기능사, 원예종묘기능사, 유기농업기능사, 유기농업산업기사, 경매사(양곡), 종자산업기사, 종자기사, 종자기능사 등 그 종류가 매우 다양함. 한국산업인력공단(www.hrdkorea.or.kr), 대한상공회의소(http://licence.korcham.net) 등에서 확인 2) 정보통신 관련 자격증은 정보관리기술사, 컴퓨터시스템응용기술사, 정보통신기술사, 전자계산기조직응용기사, 정보보안기사, 정보처리기사, 방송통신기사, 전파전자통신기사, 정보통신기사, 정보보안산업기사, 정보처리산업기사, 사무자동화산업기사, 통신선로산업기사, 전파전자통신사업기사, 정보통신산업기사, 전파전자통신기능사, 방송통신기능사, 정보처리기능사, 정보기기운용기능사 등임 3) 영농창업관련과정은 일반적으로 진행되고 있는 귀농창업과정 수료자와 함께 청년창업농영농정착지원사업(www.agrix.go.kr, 1670-0255), 스마트팜청년창업보육사업(www.smartfarmkorea.net, 1522-2911), 농업법인취업지원사업(농림수산식품교육문화정보원, 044-862-8733, 8778), 청년귀농장기교육(농림수산식품교육문화정보원, 02-2058-2852~3) 수료자를 말함
계	8점	

다음의 2절과 3절에서는 각각 귀농 농업창업 지원사업과 재촌비농업인 농업창업 지원사업에서만 특화해서 시행하고 있는 평가항목에 대한 고득점 전략을 순차적으로 알아보도록 하자.

2 귀농 농업창업 고득점 전략

귀농 인원수

귀농 인원수는 단독세대주라도 지원은 가능하나 가족이 함께 귀농했을 때의 영농정착 가능성과 귀농 초기 가족노동력을 활용했을 때 창업 성공 가능성이 높은 점에 착안한 평가항목이며 주민등록등본상의 구성원 수를 기준으로 평가한다.

필자가 농업 현장 컨설팅을 통해 만난 농업경영인들에게 귀농 초기이야기를 들어보면 귀농 초기에는 보통 귀농을 주장한 분이 먼저 영농을 시작하고 다른 구성원들은 조금 안정화되었을 때 합류하여 귀농 초기에는 많이 힘들었다고 서로를 쳐다보며 웃고는 한다. 귀농·귀촌 강의를 하면서도 이

항목의 평가 고득점을 위해 늦둥이를 볼 수도 없는 것 아니냐고 수강생분들하고 한번 크게 웃고 넘어가기도 한다. 온 가족이 한꺼번에 귀농하기 어렵다면 부부가 먼저 귀농을 함께 하거나, 부부 중 한 분이 먼저 귀농하고 다른 한 분이 나중에 합류했을 때 귀농 창업을 지원하면 적어도 'C'등급 3점을 획득할 수 있는 점을 고려하기 바란다.

■ 신청자 귀농 인원수 심사기준

평가 항목		등급(점)				등급 기준
		A	B	C	D	
1. 귀농 인원 수(5점)	농촌이주 가족 수 (본인포함)	5	4	3	2	• A : 이주 가족 인원이 4명 이상인 경우 • B : 이주 가족 인원이 3명 이상인 경우 • C : 이주 가족 인원이 2명 이상인 경우 • D : 이주 가족 인원이 2명 미만인 경우 * 주민등록등본상의 구성원 수를 기준으로 평가

2 전입 후 농촌 거주

전입 후 농촌 거주는 귀농 지역에서의 이탈없이 일정 기간 동안 지역과 잘 융합하면서 영농을 준비하고 있는지, 지속적인 영농이 가능한지를 평가하는 항목이다. 이 항목은 주민등록등본상의 전입일을 기준으로 평가한다.

귀농 농업창업 지원사업은 기본적으로 '농업인'을 대상으로 한다. 물론 귀농하여 농업창업을 하려는 자를 대상으로도 지원하지만 귀농한 지 5년 이내에는 농업창업 지원사업을 신청할 수 있기 때문에 귀농후보지에 전입하여 적어도 6개월 이상(전입일 기준 될수록 1년 이상) 생활하면서 마을주민사회와의 융합을 도모하고 지역의 농협 및 각종 생산자단체에 가입함으로써 농산업 선배의 영농기술 및 농업경영에 대한 직·간접적인 경험을 축적하는 기간으로 활용한다면 농업창업의 성공은 물론 농촌 거주 심사평가에서도 높은 점수를 획득할 수 있을 것이다.

■ 신청자 전입 후 농촌 거주 심사기준

평가 항목		등급(점)				등급 기준
		A	B	C	D	
2 전입 후 농촌 거주(5점)	거주기간	5	4	3	2	• A : 전입일 기준 1년 이상 • B : 전입일 기준 6월 이상 • C : 전입일 기준 3월 이상 • D : 전입일 기준 3월 미만 * 주민등록등본의 전입일 기준으로 평가

3 재촌 비농업인 농업창업 고득점 전략

1 지역 활동 참여도

재촌 비농업인 농업창업 지원사업 신청자 심사기준에서만 시행하고 있는 평가항목은 지역 활동 참여도이다. 이 평가항목은 일단 사업계획서를 통해 서면으로 지역 활동 참여 현황을 기재해야 하고 선정심사위원회에 참석하여 심층 면접을 토대로 지역사회와의 융화 정도를 평가하고 있다.

지역 활동의 참여도에서는 활동 현황 및 계획을 보다 구체적으로 기술하고 적극적 참여계획을 제시하여 심사위원에게 설득해야 한다. 이를 위해서는 일단 마을의 행사내용과 참여 가능한 지역사회의 네트워크를 조사하는 것이 급선무일 것이다. 첫째로, 이장(里長) 또는 마을의 원로(어른, 농업인 선배) 등을 인터뷰하여 마을에서 열리는 (부)정기적 마을회의는 있는지 있다면 언제 어떤 내용을 가지고 회의를 하는지 조사하여 준비하고, 마을의 행사는 명절, 경로우대잔치 등 마을 중심의 행사와 마을·리·면·군 단위 체육행사 등의 일정(기간)·행사명·참여 현황(계획)·사진자료 등을 조사하고 참여한 경우를 육하원칙하12)에 기술하여 준비하도록 하자. 농촌사회 네트워크로 4-H, 강소농, 자율모임체, 농촌지도자회, 생활개선회 등이 있는데 신청자의 농업창업지역에 이러한 조직이 있는지, 있다면 참여하기 위해서 어떤 자격요건이 있는지 조사하여 농업창업계획서에 반영하고 선정심사위원회에서의 심층면접도 준비해야 할 것이다. 셋째로, 농업생산자단체로 각종 농민단체, 작목조합, 작목반, 작목별농업인 연구모임(연구회), 농업협동조합 등이 있다. 이에 대해서도 신청자의 농업창업지역에 이러한 단체가 있는지 여부를 조사하고 단체 가입 및 활동을 위해서 어떤 자격요건이 있는지 조사하여 농업창업계획서에 반영하고 선정심사위원회에서의 심층면접도 준비해야 한다.

농업창업을 계획하고 있는 재촌 비농업인은 자신의 지역 활동 참여도 심사기준을 충분히 숙지하여 창업계획서에 활동 현황과 계획을 합리적으로 제시하고 심사위원회의 심층면접을 준비하여 고득점을 평가받을 수 있도록 준비해야 한다. 더 자세한 내용은 '제5장 농업 창업사업계획 작성하기 실습'에서 알아보기로 한다.

---

12) 육하원칙(六何原則, 5W1H), 글을 간결하고 명확히 쓰기 위한 방법론으로 누가(Who), 언제(When), 어디서(Where), 무엇을(What), 어떻게(How), 왜(Why)로 구성됨

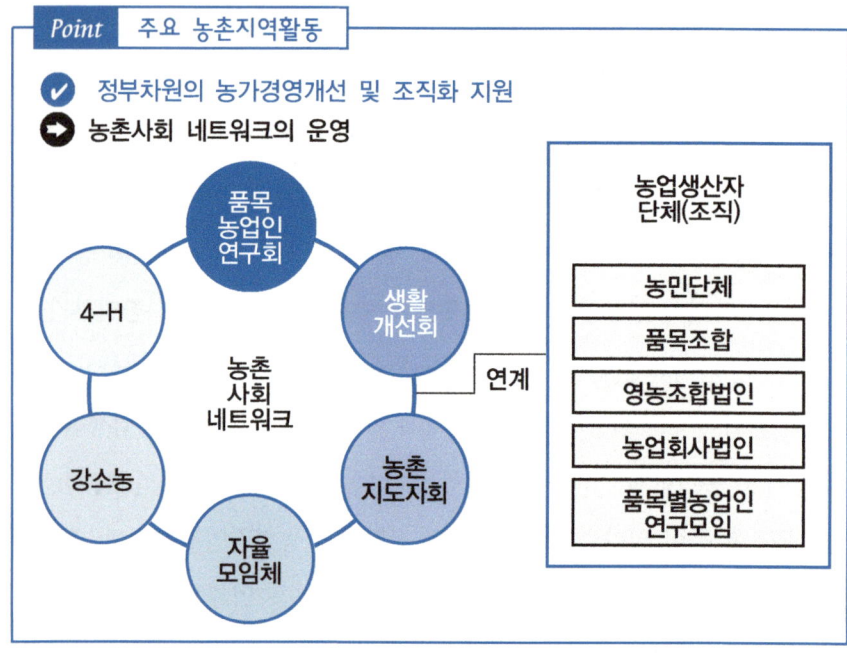

1) 강소농(强小農)이란? 경영규모는 작으나 끊임없는 역량 개발과 차별화된 경쟁력을 통해 자율적인 경영혁신을 지속적으로 실현하는 중소규모, 가족농 중심의 자립형 농업경영체로 농촌진흥기관에서 선정 육성하는 지원대상임(지역 농업기술센터 문의)
2) 자율모임체란? 강소농선정 후 기본・심화과정 교육 이후 후속 교육과정에서 작목별, 관심사별(정보화, 마케팅 등)로 농가 자율적인 모임체 구성(지역 농업기술센터 문의)
3) 작목농업인연구회란? 동일 작목을 취급하는 농업인들이 경제적 이익 실현을 위해 자율적으로 조직, 농촌지도기관에 등록한 모임(지역 농업기술센터 문의)
4) 4-H회란? 머리(Head), 마음(Heart), 손(Hands), 건강(Health)을 의미하는 것으로 청소년들에게 「4-H회」를 통한 단체활동으로 지・덕・노・체의 「4-H 이념」을 생활화함으로써 훌륭한 민주시민으로 키우는 동시에 지역사회와 국가발전에 이바지하게 하려는 일종의 사회교육 운동(9~34세, 클로버넷, http://www.korea4-h.or.kr)
5) 농촌지도자회란? 우애, 봉사, 창조의 3지표 지향. 과학영농으로 농가소득증대, 농업인 권리보호 등을 추진하는 농업인단체(지역 농업기술센터 문의)
6) 생활개선회란? 농촌생활의 과학화・합리화로 생활의 질 향상을 위해 생활환경개선, 합리적인 가정관리, 농촌여성소득원개발, 전통생활문화의 실천에 자발적으로 참여하여 밝은 농촌을 지켜나가는 농촌여성단체

■ 신청자 지역 활동 참여도 심사기준

평가항목		등급(점)				등급기준
		A	B	C	D	
2. 지역활동 참여도 (5점)	마을회의, 행사, 지역 단체 등 참여 및 활동 계획의 구체성, 적극성	5	4	3	2	• A : 매우 우수 • B : 우수 • C : 보통 • D : 미흡 * 사업계획서(지역 활동 참여 현황 항목) 및 심층면접을 토대로 지역 융화 정도를 평가

2 기타 사항

 신청자의 귀농농업창업 지원사업 선정기준은 평가항목의 합계 총점이 60점 이상인 자 중 고득점자 순서로 지원하며 총점 60점 미만인 자는 지원에서 제외된다. 또한, 선정기준표에 보면 60점 이상 득점을 하였더라도, 지원하는 것이 바람직하지 않다고 심사자가 판단하는 경우에도 지원에서 제외될 수 있다고 밝히고 있어 창업계획서의 편집과 심사위원회에서의 태도도 매우 중요한 요소이니 이를 잊지 말길 바란다.

3억 귀농
농업창업계획서
혼자서 작성하기

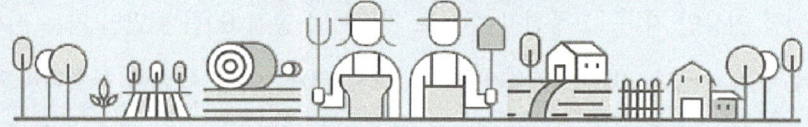

농업 창업지원 신청서의 구성과 작성 실습

농업 창업지원 신청서의 구성과 작성 실습

 본 장에서는 귀농 농업창업 지원사업 신청서(재촌 비농업인 귀농 농업창업 지원사업 신청서)와 귀농 농업창업계획서의 구성 요소와 서식에서 사용하고 있는 주요 용어에 대해서 알아보도록 하자.

 신청서와 계획서를 처음 접하는 (예비)귀농창업농업인은 각 서식은 어떻게 구성되어 있고 어떤 내용을 기재해야 하는지, 각 세부항목의 의미는 어떤 것인지, 서식에서 활용되고 있는 각 단위는 어떻게 이해하고 기재해야 하는지도 생소할 수 있다. 물론 그렇지 않은 (예비)귀농창업농업인도 있을 수 있지만 복습한다는 마음으로 또, 신청서와 사업계획서를 다 작성하고 본서를 보고 최종 점검할 때 사용한다면 유용할 것이다. 내용에 대해서 잘 아는 내용이라면 본 장은 건너뛰고 제4장으로 바로 이동해도 무방하다.

신청서는 본 장에서 구성과 주요 용어와 함께 작성 방법까지를 연습해보고 다음의 제4장과 제5장에서 창업계획서의 메커니즘 이해와 함께 실무에 대해서 보다 자세하게 알 수 있을 것이다.

신청서의 구성은 신청자(개인, 가족사항)과 영농현황, 사업 신청내용으로 크게 3가지로 분류할 수 있다. 재촌 비농업인 신청서의 경우 주택구입자금이 지원되지 않음으로 세대 관련 기재사항에서 주거 보유 항목은 없고 사업 신청내용 중에서도 주택구입비 항목이 없는 것이 귀농 농업창업 지원사업 신청서와 다른 점이다. 그럼 먼저 '귀농 농업창업 및 주택구입 지원사업 신청서'를 살펴보고 '재촌 비농업인 귀농 농업창업 및 주택구입 지원사업 신청서'는 다른 부분만 따로 알아보도록 하자.

신청서의 맨 윗단에 보면 '귀농인의 융자한도액은 "금융기관의 개인에 대한 신용과 담보평가"[1]를 통해 결정됨'이라는 안내 문구가 있다. 이는 귀농 농업창업 지원사업 평가에서 선정된다 하더라도 개인의 신용도가 낮거나 담보(부동산담보 또는 농림수산업자신용보증기금의 보증서)가 없다면 대출이 안 될 수도 있다는 뜻이다. 기본적으로 귀농창업 자금은 담보대출이다.

통상 담보는 농림수산업자신용보증기금(농신보)의 보증서를 활용하면 된다. 다만, 선정심사위원회에서 최종 선정되어 예산 배정도 받고 대출 실행을 위해 농신보에서 보증서를 발급받을 때나 농협의 대출을 위한 평가 시에 담보가 있더라도 신청자의 개인신용에 따라서는 대출이 실행되지 않거나 신청금액 일부만 대출될 수도 있다는 설명이다. 통상 대출시 담보(부동산담보 또는 농림수산업자신용보증기금의 보증서)를 요구하는 이유는 채권을 회수하지 못하는 상황이 발생하면 금융기관이 피해를 최소화하기 위한 채권 보전 대책이고(담보만 확인하고 대출을 실행한다면 전당포와 다를 바 없을 것임) 결국 정한 이자와 만기시 원금상환을 충분히 할 수 있는 사람인지를 평가하여 대출하는 것이기 때문이다. 이러한 이유로 귀농 농업창업을 준비하는 분들은 무엇보다 신용관리를 철저히 해야 할 것이다.

> **Point** 신용관리의 tip
>
> - 신용관리
>   개인신용관리 등급을 6등급 이상으로 유지하면 안정적임(7등급 이하 시 대출 미승인이나 신청금액보다 적은 금액만 승인될 수 있음, 신용조회회사를 통해 개인적으로 확인하고 관리하기 바람)
> - 신용등급관리
>   ▶ 소액이라도 연체는 절대금물(연체 상환 때는 오래된 것부터!)
>   ▶ 카드론, 현금서비스는 절대금물(마이너스통장 활용을 권고함)
>   ▶ 대출은 1금융권을 활용(인터넷·전화·2금융권 대출 제한 권고, 신협·새마을금고·지역/작목농협 일반대출, 캐피탈, 상호저축은행, 보험회사 등)
>   ▶ 신용등급이 영향을 줄 수 있는 신용조회 수 관리(대출이나 카드발급 신청 시 신용등급에 영향을 줄 수 있는 신용조회가 필요한지 체크)
>   ▶ 연체없는 대출은 있어도 상관없으나 소득대비 과다한 대출규모는 부정적 영향을 줄 수 있으며, 다수 대출계좌 보유보다 주거래 은행을 정하여 하나의 대출계좌로 관리(주거래 금융회사)하는 것이 유리
>   ▶ 건전한 신용거래 이력 쌓기(체크카드 사용, 신용카드 사용시 될수록 할부는 꼭 필요한 경우만 사용)
>   ▶ 연락처(전화번호, 주소, 직장 등) 변경시 거래 금융회사 미리 통보

신청서의 맨 윗단의 두 번째를 보면 '당해연도 "귀농 농업창업 및 주택구입 자금"이 소진된 경우는 자금 집행이 중단됨'[2]이라는 안내 문구가 있다. 이는 선정심사위원회를 통과하여 선정된다고 하더라도 자금이 소진된 경우 자금 집행이 다 되지 못하고 신청금액 중 일부만을 받을 수도 있다는 의미이다. 이는 예산이 사전에 정해져 있지만, 신청자들의 신청금액이 천차만별이기

때문에 예산 규모와 신청금액이 딱 맞지 않아서 생길 수 있는 상황을 미리 고지하는 것이며, 이를 신청자들도 충분히 알고 있어야 한다. 신청자는 사전에 해당 지역의 귀농지원부서와 상담을 통해서 상황을 면밀히 관찰하여야 하고 만약 신청금액보다 적게 자금 배정이 되었을 때를 대비하여 이에 대한 대책(Plan B 시나리오)도 마련하고 선정과정을 준비13)해야 할 것이다.

> **귀농 농업창업 및 주택구입 지원사업 신청서**
> * 귀농인의 융자한도액은 "금융기관의 개인에 대한 신용과 담보평가"를 통해 결정됨 ①
> * 당해연도 '귀농 농업창업 및 주택 구입 자금'이 소진된 경우는 자금 집행이 중단됨 ②

신청서 본 작성항목 첫 번째는 신청자 개인의 기초사항을 기재하는 것으로 총 8개의 항목으로 구성되어 있다.

차례대로 살펴보면 '성명'③에는 한글 정자(正字)로 이름을 기재한 후 괄호 안에 한자로 기재하는 것이 좋다. 이 칸의 기재 예제(例題)로는 '홍길동(洪吉童)'으로 기재하면 된다.

'생년월일'④에는 두 줄로 기재하되 윗줄은 생년월일을 8자리로 기재하고 아랫줄에는 신청자의 성별에 따라 표시하면 된다. 이 칸의 기재 예제(例題)로는 윗줄에 본인의 생년월일을 8자리 '1990.01.01.'로 기재하고, 아랫줄에는 '남' 또는 '여' 등으로 신청자의 성별에 동그라미 표시를 하면 된다.

'주소'⑤에는 '귀농 전'과 '귀농 후' 두 칸으로 구성되어 있으며 '귀농 전'에

---

13) 선정심사위원회의 심층 면접시 질문을 할 수 있어서 이에 대한 해결책과 답변을 준비해야 한다는 의미(예상질의 "신청자께서는 신청금액이 다 나오지 않는다면 어떻게 하실 건가요?", 추가 자금조달처 확보 또는 사업계획의 일부 축소(자기부담금 증액, 재배면적·사육두수 축소, 설계변경, 구매→리스전환 등)

는 귀농 전 거주했던 주소를 기재하고 상세주소가 기억나지 않으면 '도·시, 광역시·구' 정도만 기재해도 된다. '귀농 후'에는 귀농(후보)지 주소를 기재하면 된다. 이 칸의 기재 예제(例題)로는 '귀농 전, ○○시(도) ○○구(시) ○○로 123', '귀농 후, ○○도 ○○군 ○○로 456'으로 기재하면 된다.

'전화번호 및 전자메일'⑥에는 사용 중인 전화번호(연락이 가능한 유선 전화번호)와 휴대전화 번호, 이메일을 기재하면 되는 데 없는 경우에는 공란으로 그대로 두면 되겠다. 이 칸의 기재 예제(例題)로는 'TEL, (없는 경우 공란) 02-123-4567', 'H.P, 010-123-4567', 'e-mail, (없는 경우 공란) abc@def.com'으로 기재하면 된다.

'학력'⑦에는 최종학력의 학교명을 기재하면 되겠다. 고졸 이하는 학교명을(고졸의 경우 학교명과 계열명을 기재) 대졸 이상의 경우는 대학교명과 학과까지를 기재하면 좋겠다. 이 칸의 기재 예제(例題)로는 고졸의 경우 '○○고등학교 농업(인문, 상업·공업 등 직업)계열', 대졸의 경우 '○○대학(교) ○○학과'로 기재하면 된다.

'귀농 전 직업'⑧에는 두 줄로 기재하되 윗줄은 직업군을 기재하고 아랫줄에는 근무처 명을 기재한다. 이 칸의 기재 예제(例題)로는 윗줄에 신청자의 직업군을 '회사원(자영업, 기업운영, 프리랜서 등)'으로 기재하고, 아랫줄에는 '○○기업' 등으로 신청자의 근무처 명을 기재하면 된다.

'영농경력'⑨에는 영농경력이 없으면 '−'를 표시하고 있으면 년으로 환산하여 기재한다. 년 환산은 영농경력 개월 수를 12로 나누어 계산된 숫자를 기재하면 된다. 이 칸의 기재 예제(例題)로는 영농경험이 없을 때 '− 년', 8

개월의 영농경험이 있다면 8÷12=0.667로 계산되고 소수점 한자리로 반올림하여 '0.7년'으로 기재하면 된다.

'교육실적'[10]에는 분야와 교육 기간을 개월(個月) 수와 주(週) 수를 기재하게 되어있는데 이 칸의 아래를 보면 '교육실적이 많은 경우 별지 작성'이라고 제시되어 있다. 통상 선정기준이 다양한 교육에서의 교육시간을 평가함으로써 통상 교육 기간은 그대로 둔 상태에서 대표적인 교육분야만 기재하고 나머지는 '교육실적'을 별지14)로 작성하여 첨부하면 된다. 이때의 기재 예제(例題)는 '귀농·귀촌분야(6월 2주)'로 기재하고 아래에는 '* 모든 교육실적(목록)자료 별지 첨부함'을 기재하여 별지로 세부 내역을 제시하면 된다.

신청자	성명③			생년월일④	(남 · 여)	
	주소⑤	귀농 전		전화번호 및 전자메일⑥	TEL :	
		귀농 후			H.P :	
					e-mail :	
	학력⑦			귀농전 직업⑧	(근무처 :)	
	영농경력⑨		년	교육실적⑩	분야(월, 주) * 교육실적이 많은 경우 별지 작성	

신청서 두 번째 작성항목은 신청자의 세대 관련 정보를 기재하는 것으로 총 2개의 항목으로 구성되어 있다.

'가족사항'[11]에는 세대 구성과는 상관없이 배우자와 직계존속(신청자의 부모)과 비속(신청자의 자녀)에 관한 내용을 기재한다. '부모'는 양친(養親)이 생존해 계시면 '2명'으로 기재하고, 부모 중 한 분만이 생존해 계시면 '1명', 양친(養親)이 모두 별세(別世) 하셨다면 공란으로 그대로 두시면 됩니다.

---
14) 부록의 교육실적 별지 양식 참조

(예, '부모; 명') 배우자는 만 나이를 기재하시고, 자녀는 자녀 수를 기재하면 됩니다.(예, 자녀가 두 명일 경우 '자녀; 2명')

'주거상태'⑫에는 제시된 세부항목 중에서 신청자의 현재 주거상태 중 해당하는 것을 선택하여 동그라미 표시나 밑줄 표시하면 됩니다.(예, 자가, ⑳세, 월세, 기타(무상임대 등) 또는 자가, 전세, 월세, 기타(무상임대 등))

'주거보유'⑬는 2020년 새롭게 추가된 세부항목으로 보유한 주택이 없을 때는 '없음'으로 기재하고 1주택 이상을 보유하고 있다면 그 주택 수를 직접 기재하면 됩니다.(예, 신청자의 세대에서 한 채를 보유하고 있다면 '1주택')

가족사항 ⑪	부모; 명, 배우자; 세, 자녀;		
주거상태 ⑫	자가, 전세, 월세, 기타(무상임대 등)	주거보유 ⑬	없음, 1주택, 2주택...

신청서 세 번째 작성항목은 영농관련 정보를 기재하는 것으로 총 2개의 항목으로 구성되어 있다.

'영농분야(작목)'⑭에는 경종(耕種) 분야와 축산(畜産)분야로 구분하여 기재한 후 괄호 안에 세부 작목을 기재한다. 예를 들어 경종(耕種) 분야의 벼농사일 경우 '경종(수도작)', 사과농장일 경우 '경종(사과)' 등으로 기재하고 축산(畜産) 분야의 한우농장일 경우 '축산(한우)', 양돈농장일 경우 '축산(양돈)' 등으로 기재한다.

'현재 영농규모'⑮에는 현재 농업을 영위하지 않고 계획만 있다면 창업계획서에 있는 그대로 공란으로 두고 시험경작이라도 하고 있다면 그 현황을 세부 항목에 따라 기재하면 된다. 농지규모와 시설규모(하우스 등)의 면적단

혼자서 작성하기

위는 ㎡로 기재15)한다. 저장시설의 단위는 '식'으로 하며 예를 들어 저온저장고 하나를 구축하고 운영한다면 '저온저장고 1식'과 같이 기재한다. 농기계는 보유한 농기계의 수를 단위는 '대'로 하며 보유하고 있는 농기계 명칭과 대수를 콤마를 사용하여 열거하여 기재한다. 예를 들어 '트렉터 1대, 농업용화물자동차 1대' 등의 형식이다. 축산농가의 경우 사육두(마리)수는 단위를 '두'로 하되 현재의 두수를 기재하되 괄호 안에 창업초기 입식한 두수를 기재하는 것이 좋다. 예를 들어 창업초기 20두를 입식하여 현재 100두를 사육하고 있다면 '100두(초기 : 20두)'로 기재하면 된다.

영농분야(작목) ⑭	
현재 영농규모 ⑮	- 농지규모 : ㎡, 사육두(마리)수 : - 저장시설 : 시설규모(하우스 등) : ㎡ - 농 기 계 :

신청서 네 번째 작성항목은 '사업신청내용'⑯을 기재하는 것으로 창업계획에 따라 사업별 규모(량)와 사업비의 총 2개 항목으로 구성되어 있다. 이 작성항목은 첨부서류인 귀농 농업창업계획서의 내용과 반드시 일관되게 기재하여야 함을 주의해야 한다.

'사업별 규모(량)'에는 농업창업자금과 주택구입비를 작성한다. 이 항목에는 본사업신청에서 정부 지원 중 융자신청액을 기재하는 것으로, 바로 아래 두 번째 칸에 있는 '사업비(천원)' 중 농업창업비에 대해 사용처를 구분하여 기재한다. 다음의 표를 보고 작성한다면 주 내용은 윗줄에 지원신청내용으로 '과원부지구입 0.7ha, 농기계구입 3대, 묘목구입 1,322주, 저온저장고 1식'을 기재하고 아랫줄의 괄호안에 필요자금에 대한 자금구성을

---
15) 1평은 3.305785㎡로 600평일 경우 1,983㎡(≒ 600 × 3.305785, 반올림)로 기재

백만원 단위로 반올림하여 '(융자 233백만원, 자부담 100백만원)'으로 기재한다.

　주택구입비는 150㎡, 7천 5백만원 이내로 책정해야 하는데 예를 들어 100㎡ 부지에 주택신축 건축비까지 1억 5천만원이 소요된다면 '75백만원(100㎡)'으로 기재하며, 그 아래 사업비란에는 미리 계산해 놓은 농업창업자금과 주택구입자금의 총 필요자금과 융자신청 및 자부담 합계금액을 귀농농업창업계획서와 동일하게 기재해야 한다.

(단위 : 천원)

구분		규모	합계	정부지원			지방비	자부담
				계	보조	융자		
농업창업자금	농지구입	0.7ha	264,463	185,124	–	185,124	–	79,339
	농기계구입	리프트카 1대	23,000	16,100	–	16,100	–	6,900
		운반차 1대	5,000	3,500	–	3,500	–	1,500
		SS기 1대	20,000	14,000	–	14,000	–	6,000
	묘목구입	1,322주	15,868	11,107	–	11,107	–	4,760
	저온저장고	1식	4,600	3,220	–	3,220	–	1,380
계			332,931	233,051	–	233,051	–	99,879

　표 안에 금액을 기재할 때는 항상 천원 단위별(숫자를 기록할 때 맨 왼쪽으로부터 세 번째 숫자 앞에 콤마(,) 표시)로 콤마(,)를 표시하고 심사위원들이 금액을 쉽게 읽을 수 있도록 꼭 오른쪽으로 정렬하여(가운데나 왼쪽으로 치우치게 작성하지 않도록 함!) 기재하도록 한다. 원래의 금액이 3억3천2백93만1천원을(332,931,000원) 천원 단위로 기재한다면 오른쪽으로부터 세 자리를 떼고 '332,931'로 기재하는 것이다. 단위를 어떤 항목에는 '원' 단위로 어떤 항목에는 '천 원' 단위로 기재하면 금액이 맞지 않고 모두 틀어진다는 것을

꼭 잊지 말아야 할 것이다. 단, 서술형식으로 쓸 때는 통상 백만원 단위로 기재하면 된다. 위의 예로 본다면 3억3천2백93만1천원을(332,931,000원)은 '332'백만원으로 기재하는 것이다.

사업신청내용은 사업별규모(량)에 농업창업자금 신청금액과 주택구입비 신청금액을 천원단위(예, 332,931천원)로 기재하고 사업비는 위 사업신청내용을 정부지원금액과 자기부담금액으로 나눠 기재하고 합계금액은 사업신청내용의 각 금액과 일치하여야 한다.

사업신청내용⑯	사업별규모(량)	농업창업자금						
		주택구입비		* 등기부등본, 사진 등 제출				
	사업비(천원)	사업별	합계	정부지원(재원명 기재)			지방비	자부담
				계	보조16)	융자		
		농업창업						
		주택구입·신축						

신청서에는 사업 신청과 관련된 개인정보의 수집·이용·제공에 대해 동의를 해야 한다. '신청 년 월 일'의 바로 위에 있는 동의 문구 앞의 네모 박스에 '☑ 사업 신청과 관련된 개인정보의 수집·이용에 동의합니다.'와 '☑ 사업 신청과 관련된 개인정보의 제공에 동의합니다.'와 같이 체크 표시를 해야 한다.

'신청 년 월 일' 바로 아래 신청자에 성명을 기재한 후 '(서명 또는 인)' 란은 서명이나 도장을 찍어야 하는데 통상 서명(사인)으로 갈음하면 된다.

'*민원인 제출서류' 로는 미리 작성한 '1. 귀농 농업창업계획서 1부', '2.

---

16) 보조금(補助金)은 정부가 직접 또는 간접적으로 공익상 필요가 있는 경우에 개인 또는 하위 정부에 대하여 교부하는 금전적인 혜택(융자가 아님)

교육이수실적 증빙자료', '3. 신용조사서', '4. 사업자등록사실여부증명서', '5. 가족관계증명서', '6. 기타 증빙서류'를 준비하여 신청서와 함께 제출해야 한다. 이때는 신청서와 귀농 농업창업계획서에 기재한 내용 중 증빙이 가능한 모든 서류와 '*첨부서류' 바로 아래의 '*담당공무원 확인사항'을 준비하기 위한 증빙서류를 함께 준비하도록 한다.

재촌 비농업인 귀농 농업창업 및 주택구입 지원사업은 주택구입 및 신증축 지원이 안됨으로 귀농 농업창업 신청서에서 주택부분만 빠져 있고 나머지 기재항목은 같다. 이로써 귀농 농업창업 및 주택구입 지원사업 신청서의 구성내용과 기재방법까지 알아보았고, 다음에 신청서 작성 사례를 제시해 두었으니 작성시 참고하기 바란다.

> **Point** 증비서류 준비사항
>
> - 신청서 및 귀농 농업창업계획서 증빙서류
>   주택구입비 신청시 등기부등본, 건축물대장, 사진 등
> - 담당공무원 제출서류
>   ▶ 귀농 농업창업계획서 1부
>   ▶ 교육이수 실적
>   ▶ 신용조사서
>   ▶ 사업자등록사실여부증명서
>   ▶ 가족관계증명서
>   ▶ 기타 증빙자료(견적서 등)
> - 담당공무원 확인 증빙서류
>   ▶ 주민등록등본, 주민등록초본(주소이력 포함)
>   ▶ 사업자등록증명원
>   ▶ 국민건강보험자격득실확인서
>   ▶ 근로소득원천징수영수증(해당자에 한함)
>   ▶ 소득금액증명원

(작성 예시)

귀농 농업창업 및 주택구입 지원사업 신청서

* 귀농인의 융자한도액은 "금융기관의 개인에 대한 신용과 담보평가"를 통해 결정됨
* 당해연도 '귀농 농업창업 및 주택 구입 자금'이 소진된 경우는 자금 집행이 중단됨

신청자	성명		홍 길 동 (洪 吉 童)	생년월일	1990.01.01. (남)·여
	주소	귀농 전	○○시 ○○구 ○○로 123	전화번호 및 전자메일	TEL : 02-123-4567 H.P : 010-123-4567 e-mail : abc@def.com
		귀농 후	○○도 ○○군 ○○로 456		
	학력		○○대학(교) ○○학과	귀농전 직업	회사원 (근무처 : ㈜한국기업)
	영농경력		- 년	교육실적	귀농·귀촌분야(총 6주) * 모든 교육실적(목록)자료 별지 첨부함
	가족사항		부모; 명, 배우자; 50세, 자녀; 2명		
	주거상태		자가,(전세), 월세, 기타(무상임대 등)	주거보유	1주택
	영농분야(작목)		경종(사과)		
	현재 영농규모 (없다면 공란)		- 농지규모 : 1,983 ㎡, 　　　사육두(마리)수 : - 저장시설 : 　　　　　　시설규모(하우스) :　　　㎡ - 농 기 계 : SS기 1대, 운반차 1대, 농업용화물자동차 1대		

사업신청내용	사업별 규모(량)	농업창업자금	과원부지구입 0.7ha, 농기계구입 3대, 묘목구입 1,322주, 저온저장고 1식(융자 233백만원, 자부담 100백만원)				
		주택구입비	75백만원(100㎡)				
	사업비 (천원)	사업별	합계	정부지원(재원명 기재)		지방비	자부담
				계	보조	융자		
		농업창업	332,931	233,051	-	233,051	-	99,880
		주택구입·신축	75,000	75,000	-	75,000	-	75,000

「농림축산분야 재정사업관리 기본규정」제34조(농림축산식품사업의 신청 등)제1항의 규정에 의하여 신청하며 신청사업과 관련하여 사업대상자 선정기관이 본인의 아래의 개인정보를 처리하는 것에 동의합니다.

☑ 사업신청과 관련된 개인정보의 수집·이용에 동의합니다.
☑ 사업신청과 관련된 개인정보의 제공에 동의합니다.

2020년 7월 1일

신청자　　홍 길 동　　(홍길동)

○○○ (시장·군수) 귀하

* 첨부서류　1. 귀농 농업창업계획서 1부
　　　　　　2. 기타 증빙자료
* 담당공무원 확인사항 1.주민등록등본, 2.주민등록초본(주소이력 포함), 3.가족관계등록부(배우자 포함), 4.사업자등록증 또는 국민건강보험자격취득실확인서, 5.근로소득원천징수영수증, 6.소득금액증명원, 7.교육이수 실적자료, 기타 증빙자료(견적서 등)
* 신청서(서식)은 귀농귀촌종합센터 홈페이지를 통해 다운로드 받을 수 있음

(별지 제1호 서식)

재촌 비농업인 귀농 농업창업 및 주택구입 지원사업 신청서

* 융자한도액은 "금융기관의 개인에 대한 신용과 담보평가"를 통해 결정됨
* 당해연도 '귀농 농업창업 및 주택 구입 자금'이 소진된 경우는 자금 집행이 중단됨

<table>
<tr><td rowspan="7">신청자</td><td colspan="2">성명</td><td colspan="2">홍 길 동 (洪 吉 童)</td><td>생년월일</td><td colspan="2">1990.01.01. (남)·여</td></tr>
<tr><td rowspan="2">주소</td><td>귀농 전</td><td colspan="2">OO시 OO구 OO로 123</td><td rowspan="2">전화번호 및 전자메일</td><td colspan="2">TEL : 02-123-4567
H.P : 010-123-4567</td></tr>
<tr><td>귀농 후</td><td colspan="2">OO도 OO군 OO로 456</td><td colspan="2">e-mail : abc@def.com</td></tr>
<tr><td colspan="2">학력</td><td colspan="2">OO대학(교)
OO학과</td><td>귀농전 직업</td><td colspan="2">회사원
(근무처 : ㈜한국기업)</td></tr>
<tr><td colspan="2">영농경력</td><td colspan="2">- 년</td><td>교육실적</td><td colspan="2">귀농·귀촌분야(총 6주)
* 모든 교육실적(목록)자료 별지 첨부함</td></tr>
<tr><td colspan="2">가족사항</td><td colspan="4">부모; 명, 배우자; 50세, 자녀; 2명</td><td>영농분야(작목)</td></tr>
<tr><td colspan="2">주거상태</td><td colspan="4">자가, (전세) 월세, 기타(무상임대 등)</td><td>경종(사과)</td></tr>
<tr><td rowspan="5">사업신청내용</td><td colspan="2">현재 영농규모
(없다면 공란)</td><td colspan="5">- 농지규모 : 1,983 ㎡, 사육두(마리)수 :
- 저장시설 : 시설규모(하우스 등) : ㎡
- 농 기 계 : SS기 1대, 운반차 1대, 농업용화물자동차 1대</td></tr>
<tr><td colspan="2">사업규모(량)</td><td colspan="5">과원부지구입 0.7ha, 농기계구입 3대, 묘목구입 1,322주, 저온저장고 1식(융자 233백만원, 자부담 100백만원)</td></tr>
<tr><td rowspan="3">사업비
(천원)</td><td rowspan="2">합계</td><td colspan="3">정부지원(재원명 기재)</td><td rowspan="2">지방비</td><td rowspan="2">자부담</td></tr>
<tr><td>계</td><td>보조</td><td>융자</td></tr>
<tr><td>332,931
75,000</td><td>233,051
75,000</td><td>-
-</td><td>233,051
75,000</td><td>-
-</td><td>99,879
75,000</td></tr>
</table>

「농림축산분야 재정사업관리 기본규정」제34조(농림축산식품사업의 신청 등)제1항의 규정에 의하여 신청하며 신청사업과 관련하여 사업대상자 선정기관이 본인의 아래의 개인정보를 처리하는 것에 동의합니다.

☑ 사업신청과 관련된 개인정보의 수집·이용에 동의합니다.
☑ 사업신청과 관련된 개인정보의 제공에 동의합니다.

2020년 7월 1일

신청자   홍 길 동   (홍길동 인)

○○○ (시장·군수) 귀하

* 첨부서류 1. 귀농 농업창업계획서 1부
          2. 기타 증빙자료

* 담당공무원 확인사항 1.주민등록등본, 2.주민등록초본(주소이력 포함), 3.가족관계등록부(배우자 포함), 4.사업자등록증 또는 국민건강보험자격득실확인서, 5.근로소득원천징수영수증, 6.소득금액증명원, 7.교육이수 실적자료, 기타 증빙자료(견적서 등)
* 필요 서류는 귀농귀촌종합센터 홈페이지를 통해 다운로드 받을 수 있음

4

작목결정과 매출액추정의 메카니즘

1 귀농 작목 결정의 메커니즘

 귀농 농업창업의 성공을 위한 요소는 매우 다양하다. 지역, 농지 및 주택 구입, 멘토, 공감대, 판로 등과 함께 무엇보다 중요한 것이 작목의 결정과 이의 영농을 통한 매출액 추정[17]이다. 본 장은 저자가 이 책을 쓰고 귀농을 준비하시는 분들과 꼭 나누고자 했던 내용으로 다른 장의 내용도 중요하지만, 이 장이 이 책의 핵심이라고 해도 과언이 아니다.

 작목을 결정하기 전 이것만은 꼭 알고 가도록 하자. 농업은 살아있는 생물을 다루는 업(業)이다. 통제된 환경에서의 생물의 성장은 생장 주기에 따라 여러 조건이 필요하다. 따라서 농업경영체를 운영하기 위해서는 사람의 노동력이나, 농기계, 약품 등을 적절하게 투입해야 한다. 적은 노동력과

---

[17] 귀농 창업계획서에서는 '연간판매 수입'으로 표현됨

투자만으로 많은 수확이 보장되거나(종자, 종묘 등) 자동관리설비로 큰 노력 없이도 어렵지 않게 농업을 영위할 수 있다고 홍보하는(자동화 설비 등) 업체들이 있으나 이러한 경우는 많지 않다. 작목 결정시 만약 누군가에게 이러한 제안이나 권유를 받았다면 반드시 의심해 보시고 더 많은 조사를 하기 바란다. 귀농 농업창업 및 주택구입 지원사업 시행지침에서는 귀농 교육이나 심사과정 중 사기 등 피해사례 및 부정수급 관련 내용을 심사 대상인 예비귀농인들에게 반드시 공지하도록 하고 있을 정도로 심심찮게 일어나는 일이니 주의가 필요하다.

1 귀농 작목 결정의 범위에 대한 전제

귀농 작목 결정은 여러 가지 요인을 고려해야 한다. 귀농 후보지에 대한 기후요건, 판로, 농축산물 소비트렌드 등 외부환경에 대한 고려와 투자 규모(자기 자금 조달 여력), 귀농인의 기술력, 인·적성 적합도 등 내부역량의 고려도 함께해야 한다.

다만, 이 책에서는 작목 결정의 모든 요소를 다루지 않고 농업창업 지원사업 선정과 향후 농업경영체 운영을 위한 자금 조달 시에 유리한 작목 결정으로 그 범위를 제한한다. 이 외 작목 결정요인에 대해서는 귀농 후보지역의 농업기술센터 지도사, 귀농 선배 등과의 상담 및 농촌진흥청이 운영하는 농사로 농업기술포털 홈페이지와 농업 관련 연구소에서 발간한 각종 보고서 등의 기술 전문 자료에 관한 공부를 통해 충분한 준비가 필요함을 전제해 둔다.

귀농인이 농업창업지원과 향후 농업경영체의 운영을 위한 자금 조달 시

소득과 생산비 통계가 있는 작목을 결정하는 것이 유리하다. 그 이유는 선정 작목에 대한 계획 수립시 근거를 확보할 수 있고, 금융기관에서도 이를 통해 사업계획의 적정성(농업소득과 생산비 계획) 평가가 쉽기 때문이다.

생산량 및 생산비, 농업소득에 대한 데이터가 존재하는 작목이 이미 충분하게 많이 있으므로 데이터도 없는 희귀작물을 계획해서 농업 창업지원사업 선정이나 융자 결정시 평가를 굳이 어렵게 할 필요가 없다는 것이다. 굳이 꼭 데이터가 없는 귀농 작목을 선택해야 한다면 데이터가 충분하여 대체로 예측이 가능한 안정적인 귀농 작목과 '함께' 계획하는 주식 투자할 때의 포트폴리오 구성과 같은 작목 선택이 필요하다. 그럼 데이터를 확보한 기관별 세부 작목을 함께 알아보도록 하자.

2 농촌진흥청 관리 작목

농촌진흥청에서는 매년 전국의 농업경영체 표본을 대상으로 작목별 소득과 생산비를 조사하여 연도별 농축산물 소득자료집을 발표하고 있다.

농촌진흥청 관리 작목은 일반작물, 과수, 화훼, 시설과수, 노지채소, 시설채소, 특용 약용작물 등 전국은 총 48개, 지역별로는 총 119개의 세부 작목에 대한 소득 및 생산비 정보를 제공하고 있다. 자료는 농촌진흥청 농사로 홈페이지(https://www.nongsaro.go.kr)에서 확인할 수 있다.

그 접근경로는 농사로 홈페이지에서 상단 맨 오른쪽 농사백과 → 농업경영 → 농산물소득정보 → 2014년 이후 소득정보 → 가장 최근(현재 기준, 2019년)의 2019년 농축산물소득자료집(전국)과 2019년 농축산물소득자료집(지역) PDF 자료를 다운로드 받을 수 있다.

〈농촌진흥청 농업소득 데이터 관리 작목〉

(2019년 기준)

구분	작목	데이터보유		데이터 보유 지역 현황
		전국	지역	
식량 작물	겉보리	○	○	경남, 경북, 전북
	쌀보리	○	○	경기, 전남, 전북
	맥주보리		○	전남, 제주
	밀		○	경남, 광주, 전남, 전북
	노지풋옥수수	○	○	강원, 경기, 경남, 경북, 전남, 충남, 충북
	시설풋옥수수		○	경남
	고구마	○	○	경기, 경남, 경북, 인천, 전남, 전북, 충남, 충북
	봄감자	○	○	강원, 경기, 경남, 경북, 전남, 전북, 제주, 충남, 충북
	가을감자	○	○	전남, 제주

식량작물	겨울감자		○	제주
	고랭지감자		○	강원
	시설감자		○	전북
노지채소	노지수박	○	○	경북, 전남, 전북, 제주, 충북
	노지딸기		○	제주
	노지오이		○	경기, 전북, 충북
	노지단호박		○	경기, 전남
	노지가지		○	경기
	봄무		○	전북, 충남
	가을무	○	○	강원, 경기, 전남, 전북, 충북
	고랭지무	○	○	강원, 경북
	월동무		○	제주
	당근	○	○	강원, 경남, 경북, 부산, 제주
	연근		○	경남, 경북, 대구
	봄배추	○	○	강원, 경기, 경북, 전북, 충남, 충북
	가을배추	○	○	강원, 경기, 경남, 경북, 전남, 전북, 충남, 충북
	고랭지배추	○	○	강원, 경북, 전북
	월동배추		○	전남
	노지시금치	○	○	경남, 경북, 전남
	양배추	○	○	강원, 경북, 전남, 제주, 충남
	노지부추		○	경기, 경남
	브로콜리(녹색꽃양배추)		○	제주, 충북
	대파	○	○	강원, 경기, 전남, 전북
	쪽파	○	○	전남, 제주, 충남
	생강	○	○	경북, 전북, 충남
	풋마늘		○	제주
	구마늘		○	강원, 경남, 제주
	조생양파		○	전남, 제주
	노지취나물		○	경북
시설채소	수박(촉성)		○	경남
	수박(반촉성)	○	○	경기, 경남, 경북, 전남, 전북, 충남, 충북

시설 채소	시설참외	○	○	경기, 경남, 경북, 대구
	멜론(촉성)		○	경남
	멜론(반촉성)		○	강원, 전남
	멜론(억제)		○	전북, 충남
	딸기(촉성)	○	○	경기, 경남, 경북, 광주, 세종, 전남, 전북, 충남
	오이(촉성)	○	○	경북, 전남
	오이(반촉성)	○	○	강원, 경기, 경남, 대전, 세종, 충남
	오이(억제)	○	○	강원, 경기, 경북, 충남
	시설호박	○	○	경기, 경남, 경북, 전남, 충남, 충북
	토마토(촉성)	○	○	경남, 경북, 대구, 부산
	토마토(반촉성)	○	○	강원, 경기, 경북, 서울, 전남, 전북, 충남
	방울토마토	○	○	경기, 경남, 광주, 전남, 전북, 충남
	시설가지	○	○	경기, 경남, 경북, 광주, 전북
	착색단고추(파프리카)	○	○	강원, 경남, 전남, 전북
	단고추(피망)		○	강원
	시설무		○	충남
	시설배추		○	충남
	시설시금치	○	○	경기, 경북, 충남, 충북
	시설청경채		○	경기
	시설취나물		○	경남, 충남
	시설미나리		○	경북, 전남
	시설들깻잎		○	경남, 충남
	시설상추	○	○	경기, 전북, 충남, 충북
	시설양상추		○	경남
	시설부추	○	○	경기, 경남, 경북, 울산, 전남
	시설고추	○	○	강원, 경남, 경북, 광주, 전남, 충남
	시설고추(억제)		○	전남
	시설고추(꽈리)		○	충남
	아스파라가스		○	강원
노지 과수	사과	○	○	강원, 경기, 경남, 경북, 전남, 전북, 충남, 충북

노지 과수	배	○	○	경기, 경남, 경북, 대전, 부산, 세종, 울산, 인천, 전남, 전북, 충남, 충북
	복숭아	○	○	강원, 경기, 경남, 경북, 세종, 전남, 전북, 충북
	노지포도	○	○	강원, 경기, 경남, 경북, 대구, 인천, 전남, 전북, 충남, 충북
	노지감귤	○	○	제주
	단감	○	○	경남, 전남
	유자		○	경남, 전남
	참다래(키위)	○	○	경남, 전남, 제주
	블루베리	○	○	강원, 경기, 경남, 전남, 전북, 충남, 충북
	자두		○	경북
	체리(양앵두)		○	경기, 경북
	매실		○	경남, 전남
	무화과		○	전남
	복분자		○	전북
	오디		○	전남
	아로니아		○	충북
	다래		○	강원
시설 과수	시설포도	○	○	경기, 경북, 대전, 충남, 충북
	시설감귤		○	제주
	하우스월동감귤		○	제주
	한라봉		○	경남, 전남, 제주
	천혜향(세토까)		○	제주
	레드향(감평)		○	제주
	황금향(베니마돈나)		○	제주
화훼	시설국화		○	경기, 경남, 부산, 충남
	시설장미	○	○	경기, 경남, 전남, 전북, 충북
	시설나리		○	강원
	접목선인장		○	경기
	수국		○	전남

특용 약용 작물	참깨	○	○	경기, 경남, 경북, 전남, 전북
	땅콩		○	강원, 전북
	율무		○	경기
	엽연초		○	경북, 전남, 충북
	인삼(4년근)	○	○	경북, 전북, 충남, 충북
	인삼(6년근)		○	강원, 경기, 충남
	녹차		○	경남, 전남
	오미자	○	○	강원, 경남, 경북, 전북, 충북
	당귀		○	경북, 충북
	황기		○	강원
	구기자		○	전남, 충남
	산약(산마)		○	경남, 경북
	천궁		○	경북
	들깨	○	○	강원, 경기, 경북, 충남, 충북
	도리지		○	강원, 경북
	느타리버섯(균상)(년/330㎡)		○	경기, 경북, 전남, 전북, 충남
	새송이버섯(1,000병)		○	경남
	양송이버섯(년/330㎡)		○	충남
	느타리버섯(병재배)(1,000병)		○	경기, 충북
	양잠(약용)		○	경남
	양봉(100군)		○	전남, 충남

3 통계청 관리 작목

축산물(한우, 육우, 젖소, 비육돈, 산란계, 육계)을 비롯한 쌀, 마늘, 양파, 노지고추, 콩 등은 통계청 조사작목으로 국가통계포털 홈페이지에서(http://kosis.kr) 자료를 제공하고 있다.

통계자료는 농산물 8개, 축산물 7개 총 15개의 세부작목에 대한 소득 및 생산비 정보를 제공하고 있다. 그 접근경로는 국가통계포털 홈페이지에서 국내통계 → 주제별 통계 → 농림 → 농축산물 생산비 → 농산물/축산물을 차례대로 클릭하면 가장 최근(현재 기준, 2019년)의 2019년 순수익과 생산비용을 엑셀자료로 다운로드 받을 수 있다.

■ 통계청 농업소득 데이터 관리 작목

(2019년 기준)

구분		전국	도별	비고
1	기타농산물	논벼(쌀)	○	○	
2		마늘	○		최근 2019년 자료 게시 작목만
3		양파	○		
4		고추	○		
5		콩	○		
6	축산	비육돈	○		농가규모별
7		산란계	○		계란 100개당/ 수당 사육비, 수당 수익성
8		육계	○		10수당 사육비/ 수익성, 10kg당 생산비
9		육우	○		두당 사육비/ 수익성, 생체 600kg당 생산비
10		젖소	○		우유 100ℓ당 생산비, 두당 사육비/ 수익성
11		한우번식우	○		송아지 두당 생산비, 두당 사육비/ 수익성
12		한우비육우	○		두당 사육비/ 수익성, 생산비, 비목별/사육규모별 한우 비육우 생체 100kg당 생산비

4 농업협동조합 관리 작목

농업협동조합은 귀농 농업 창업지원 사업은 물론 창업 이후 농업경영체에 대해 정책금융 및 일반자금을 취급하는 농식품 전문 금융기관으로 상당한 기간의 작목별 생산비 및 소득 현황 자료를 축적하고 있으며, 이를 토대로 농업인 또는 농업법인의 사업계획에 대한 타당성을 평가하고 있다.

관리 작목은 식량작물 21개, 채소 79개, 육묘 10개, 화훼 18개, 과수 24개, 특작 27개, 민박 1개, 축산 29개 등 총 208개의 세부작목에 대한 소득 및 생산비 정보를 관리하고 있다.

■ 농업협동조합 농업소득 데이터 관리 작목

(2019년 기준)

순번	대분류	중분류	소분류
1	식량	맥주보리	맥주보리
2		밀	밀
3		수수(찰수수)	수수(찰수수)
4		옥수수	옥수수(종실용)
5			노지풋옥수수
6			시설풋옥수수
7		콩	콩
8		완두콩	노지풋완두콩
9			시설풋완두콩
10		율무	율무
11		고구마	고구마
12		감자	봄감자
13			가을감자
14			시설감자
15			고랭지감자
16			겨울감자

순번	대분류	중분류	소분류
17		쌀	찹쌀
18			쌀
19		보리	겉보리
20			쌀보리
21			찰쌀보리
22	채소	무	봄무
23			가을무
24			고랭지무
25			월동무
26			시설무
27		알타리무	시설알타리무
28		배추	봄동
29			봄배추
30			가을배추
31			고랭지배추
32			월동배추
33			시설배추
34		대파	대파
35		쪽파	쪽파
36		생강	생강
37		당근	당근
38		수박	노지수박
39		마늘	마늘
40			풋마늘
41		양파	양파
42		고추	노지고추
43			시설고추
44			시설꽈리고추
45			시설고추(억제)
46		단고추	파프리카(착색단고추)
47			스마트팜(파프리카)

혼자서 작성하기

순번	대분류	중분류	소분류
48			피망(단고추)
49		양배추	양배추
50		우엉	우엉
51			노지딸기
52		딸기	시설딸기(촉성)
53			시설딸기(반촉성)
54		부추	노지부추
55			시설부추
56		시금치	노지시금치
57			시설시금치
58			노지호박
59		호박	시설호박(촉성)
60			시설호박(억제)
61			노지단호박
62			시설단호박
63		참외	노지참외
64			시설참외
65		브로콜리	노지브로콜리
66			노지오이
67		오이	시설오이(촉성)
68			시설오이(반촉성)
69			시설오이(억제)
70		연근	노지연근
71		미나리	노지미나리
72			시설미나리
73		가지	노지가지
74			시설가지
75		부추	시설부추
76			노지양상추
77		상추	시설양상추
78			시설상추(치마)

순번	대분류	중분류	소분류
79			시설상추(포기)
80		깻잎	시설들깻잎
81		토마토	시설토마토(촉성)
82			시설토마토(반촉성)
83			스마트팜(토마토)
84			시설방울토마토
85		수박	시설수박(촉성)
86			시설수박(반촉성)
87			시설복수박
88		멜론	시설멜론(촉성)
89			시설멜론(억제)
90			시설멜론(반촉성)
91		청경채	시설청경채
92		치커리	시설치커리
93		머위	시설머위
94		돌나물	시설돌나물
95		아욱	시설아욱
96		콩나물	콩나물
97		알로에	알로에
98		평균	노지채소류평균
99		평균	시설엽근채류평균
100		평균	시설과채류평균
101	육묘	고추육묘	고추육묘
102		수박육묘	수박육묘
103		오이육묘	오이육묘
104		참외육묘	참외육묘
105		토마토육묘	토마토육묘
106		호박육묘	호박육묘
107		배추육묘	배추육묘
108		상추육묘	상추육묘
109		파,양파육묘	파,양파육묘

순번	대분류	중분류	소분류
110		평균	육묘평균
111	화훼	안개초	시설안개초
112		국화	시설국화
113		카네이션	시설카네이션
114		장미	시설장미
115		백합(나리)	시설백합(나리)
116		거베라	거베라
117		선인장	접목선인장
118		칼라	칼라
119		심비디움	심비디움
120		호접란(팔레높시스)	호접란(팔레높시스)
121		덴파레	덴파레
122		수국	수국
123		노지절화류	노지절화류
124		노지분화류	노지분화류
125		노지기타화훼	노지기타화훼
126		시설절화류평균	시설절화류평균
127		시설분화류평균	시설분화류평균
128		시설기타화훼평균	시설기타화훼평균
129	과수	사과	사과
130			왜성사과
131		배	배
132		복숭아	복숭아
133		포도	노지포도
134			시설포도
135		감귤	노지감귤
136			시설감귤
137		단감	단감
138		유자	유자
139		참다래(키위)	참다래(키위)
140		무화과	무화과

순번	대분류	중분류	소분류
141		자두	자두
142		매실	매실
143		오디	오디
144		아로니아	아로니아
145		블루베리	블루베리
146		살구	살구
147		체리	체리
148		한라봉	한라봉
149		천혜향(세토까)	천혜향(세토까)
150		용과	시설용과
151		노지과수류평균	노지과수류평균
152		시설과수류평균	시설과수류평균
153		느타리버섯	느타리(균상)
154			느타리(상자)
155			느타리(병재배)
156		양송이버섯	양송이
157		새송이버섯	새송이(일관생산)
158			새송이(배지전업)
159			새송이(생육전업)
160		팽이버섯	팽이버섯
161		영지버섯	영지버섯
162	특작	상황버섯	상황버섯
163		신령버섯	신령버섯
164		동충하초	동충하초
165		표고버섯(톱밥배지)	표고버섯(톱밥배지)
166		만가닥	만가닥
167		인삼	인삼(4년근)
168			인삼(6년근)
169		녹차	녹차
170		홍화	홍화
171		들깨	들깨

혼자서 작성하기

순번	대분류	중분류	소분류
172		참깨	참깨
173		땅콩	땅콩
174		양잠(약용)	양잠(약용)
175		엽연초	엽연초
176		황기	황기
177		대마	대마
178		특작평균(버섯, 인삼제외)	특작평균(버섯, 인삼제외)
179	민박	농촌민박	농촌민박
180		한우	한우번식
181			한우비육
182		낙농	젖소비육(육우)
183			낙농
184		말	말(일관)
185			말(비육)
186		양돈	비육돈
187			번식돈
188			양돈일관
189		산란계	산란계
190		육계	육계
191	축산		육계(수탁)
192		메추리	메추리
193		흑염소	흑염소
194		꽃사슴	꽃사슴(암)
195			꽃사슴(수)
196		레드디어	레드디어(암)
197			레드디어(수)
198		엘크사슴	엘크사슴(암)
199			엘크사슴(수)
200		오리	육용오리
201			종오리
202		양봉	양봉

순번	대분류	중분류	소분류
203		진도견	진도견(암)
204			진도견(수)
205		육꿩	육꿩
206		지렁이	지렁이
207		토끼	토끼
208		육용종계	육용종계

5 기관 관리 데이터 미보유 작목

위 작목 외에도 아직 충분한 데이터를 확보하지 못해 소득 및 생산비 자료는 없으나 점진적으로 생산 농가와 생산량이 증가하고 있는 곤충 등 다른 작목은 귀농 후보지 지역농업기술센터의 담당 지도사와 상담하기를 권고한다.

2 매출액 추정의 메커니즘

1 매출액의 구조

저자는 농협은행에 근무할 당시 또는 컨설팅 활동을 통한 사업타당성 검토 추진시 다양한 사업계획을 검토할 기회가 많았다.

이러한 사업계획에는 사업의 목표와 이를 달성하기 위한 세부 사업추진내용 등 여러 정보가 담겨 있지만 결국 사업계획을 통해 벌어들일 수 있는 이익을 화폐가치(돈)로 표현해야 하며 통상 이러한 이익의 합(合)이 투자되는 자금에 비해 많아야 사업성이 있다고 판단한다.

이익(利益)은 매출액에서 비용을 차감하여 계산한다. 이때, 투자자는 자신이 투자한 자금보다 몇 배(Multiple)의 수익이 나야 한다고 생각(적어도 예금금리 대비 몇 배의 수익은 기대함, 독자 여러분이 부동산이나 주식에 투자할 때를 생각해 보면 쉽게 이해할 수 있을 것임)할 수 있으며, 채권자(돈을 빌려준 자)는 약정한 이자와 원금을 안정적으로 돌려받을 수 있는지에 대한 판단기준이 된다.

이렇듯 이익의 규모는 투자자나 채권자가 의사결정을 할 때 매우 중요한 정보임에도 불구하고 사업계획서를 작성하면서 매출액을 사업추진내용과는 상관없이 사업의 목표치나 본인의 희망(꿈) 정도로 생각하여 대략적으로 아무 의미없이 기재하는 경우가 많다. 이는 합리적인 손익추정이 아니어서 사업계획을 검토하는 사람에게는 부정적인 인상을 주기 쉽다.

Point 매출액 추정의 좋지 않은 사례

(단위 : 천원)

구분	2021년	2022년	2023년	2024년	2025년
매출액	20,000	50,000	80,000	100,000	150,000

저자는 강의나 컨설팅 수행시 기회가 될 때마다 주장하는 것이 있다. 그것은 바로 '사업계획은 매출액 추정이 시작이고 끝이다.'라는 말이다. 이는 매출액의 구조를 파악한다면 바로 이해할 수 있는 것이다.

매출액은 사업계획을 하는 자의 목표나 꿈이 아니라 사업투자를 통해 마련한 기반하에 기술력과 노동력을 투입하여 생산한 제품(농산물)의 판매가격 곱하기 판매 수량이다[18]. 이렇게 계산된 매출액이 위 Point 박스에 있는 것처럼 2천만원, 5천만원… 1억원 이렇게 딱 떨어질 수 없는 것이다.

그렇다면, 저자가 매출액의 추정이 사업계획의 시작이자 끝이라고 주장한 이유는 무엇일까? 그것은 판매가격에 숨겨져 있다. 판매가격은 고객에

---

18) 매출액(S) = 판매가격(P) × 판매 수량(Q)

게 제품(농산물)을 팔고 받은 현금이다. 이렇게 받은 판매대금으로 생산에 투입된 원가와 판매할 때 지출된 비용은 물론 자선사업이 아니기 때문에 이익(Margin)까지 포함하여 회수하는 것이 바로 판매가격이기 때문이다. 농업경영체는 고객으로부터 판매대금을 받아 생산에 투입되는 원가(종자·종묘, 비료, 농약, 유류대 등), 판매와 관리에 투입된 비용(포장, 운반, 택배, 판매수수료 등)을 회수하여 거래처에 결제해야 하며, 나머지 이익(Margin)으로 사업에 필요한 자산을 구입(토지, 저온저장고, 농기계, 차량 등)하거나 생활비, 교육비, 저축 등 경제활동을 하는 원천으로 삼는다. 판매가격과 함께 매출액을 계산하는데 중요한 판매수량(생산량)은 1년간 원가와 비용에 투입되는 항목에 대한 구매 수량, 금액과 목표 수익을 결정하는데 중요한 요소이기 때문에 매출액의 추정이 그만큼 중요한 항목인 것이다.

사업계획 수립시 어떤 작목을 몇 평의 농지에 어떠한 기술과 노동력을 투입하여 어떤 경로로 판매하겠다고 구구절절 작성해 놓고는 정작 이러한 영농활동의 결과인 매출액은 그냥 대충 적고 마는 실수는 이제부터는 하지 말기를 이 책을 읽는 독자들은 저자와 약속하기로 하자.

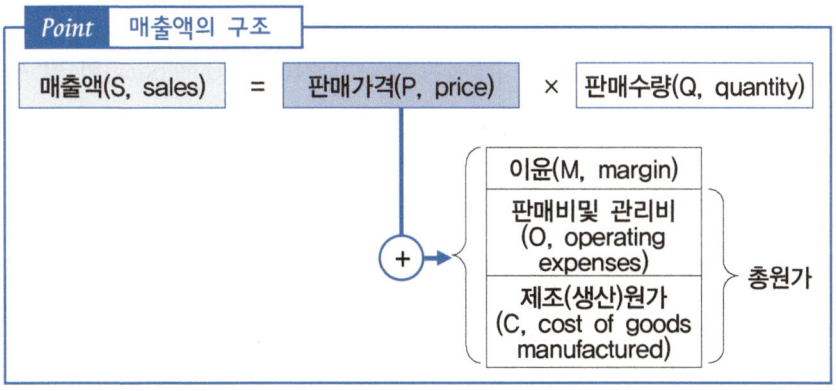

Point 매출액의 구조

2 매출액 추정의 방법

앞 절의 매출액 구조에 대한 이해를 바탕으로 이제 매출액 추정을 저자와 같이 실습해 보도록 하자. 사례는 모든 작목에 동일하게 적용할 수 있으며 이 책에서는 충북지역의 사과를 귀농 작목으로 설정하고 그 사례를 설명하도록 한다.

1. 매출액 추정의 절차(순서)

매출액의 추정은 다음의 5단계를 거쳐 추진한다.

❶ 작목의 결정 : 농촌진흥청 농사로 농업기술포털 홈페이지의 농사백과 농업경영에 제시된 농가소득정보와 통계청 농축산물생산비 통계 및 농업협동조합의 농업소득과 생산비 데이터가 존재하는 작목 중 귀농인 상황에 적합한 작목 결정한다.

❷ 영농규모의 결정 : 귀농인의 재산 상태(지원 융자금 포함)와 작목의 특성에 최적화된 영농규모(농지면적 등)를 결정, 생산량 추정을 위해 꼭 필요한 활동이다.

❸ 농산물소득자료의 검색 : 소득과 생산비 기준(Benchmarking)이 될 수 있는 소득·생산비 자료를 검색하고 준비한다.

❹ 자기조정 : 소득자료의 단위를 귀농인 자신의 상황으로 환산, 영농면적과 함께 생산량·가격을 자신의 기술력에 따라 조정한다.

❺ 매출액의 추정 : 자기조정까지 거친 가격과 생산량을 곱하여 귀농 농업창업 이후 1차연도 매출액을 추정하고, 일정한 법칙과 가정(假定)에 따라

2차연도 이후부터 통상은 3~5년까지의 매출액을 추정하지만, 2020년 창업계획서에 추가된 정책 대출의 상환계획을 위해서 농장경영을 통해 창출된 수익으로 상환이 가능한 기간까지 추정하는 것이 바람직하다.

자 이제부터는 눈으로만 보지 말고 메모지를 들고 컴퓨터 앞에서 손으로도 같이 읽어야 한다. 눈으로 이해하고 손으로 실무를 익혀야 귀농 준비 중 어떤 변화가 있더라도 대처해 나갈 실무역량이 생길 것이다.

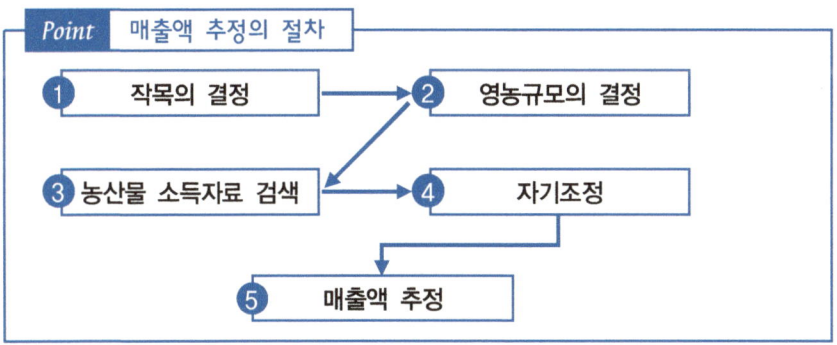

2. 농산물 소득자료의 검색

이 책에서는 실습 목적에 따라 먼저 ❶ 작목의 결정은 사과로 가정하고, ❷ 영농규모는 충북지역의 9,917.4㎡(3,000평)으로 가정하기로 한다.

❸ 농산물소득자료는 농사로 농업기술포털 사이트에서 다운로드 받은 2019년 농산물소득자료를 검색하여 준비한다. 이때 웹브라우저는 인터넷 익스플로러를 사용하기를 바란다. 우리나라 공공기관은 크롬 등 다른 웹브라우저에는 최적화되지 않은 경우가 있어 데이터 서버에 연결이 안 될 수 있다.

검색경로는 농촌진흥청 농사로 농업기술포털 홈페이지[19] → 농업백과 → 농업경영 → 농산물소득정보 → 2014년 이후 소득정보 → 과수 → 충청북도

→ 사과를 차례대로 클릭한 후 소득자료 팝업창이 뜨면 일단 상단 중앙 부분에 저장하기를 클릭하고 파일형식은 엑셀을 클릭하여 자료를 준비한다.

엑셀로 다운로드 받는 이유는 매출액과 대비한 각종 생산비 항목비율을 계산하기 쉽기 때문이며 이를 통해 계산된 비율을 손익추정에 활용하기 위함이다.

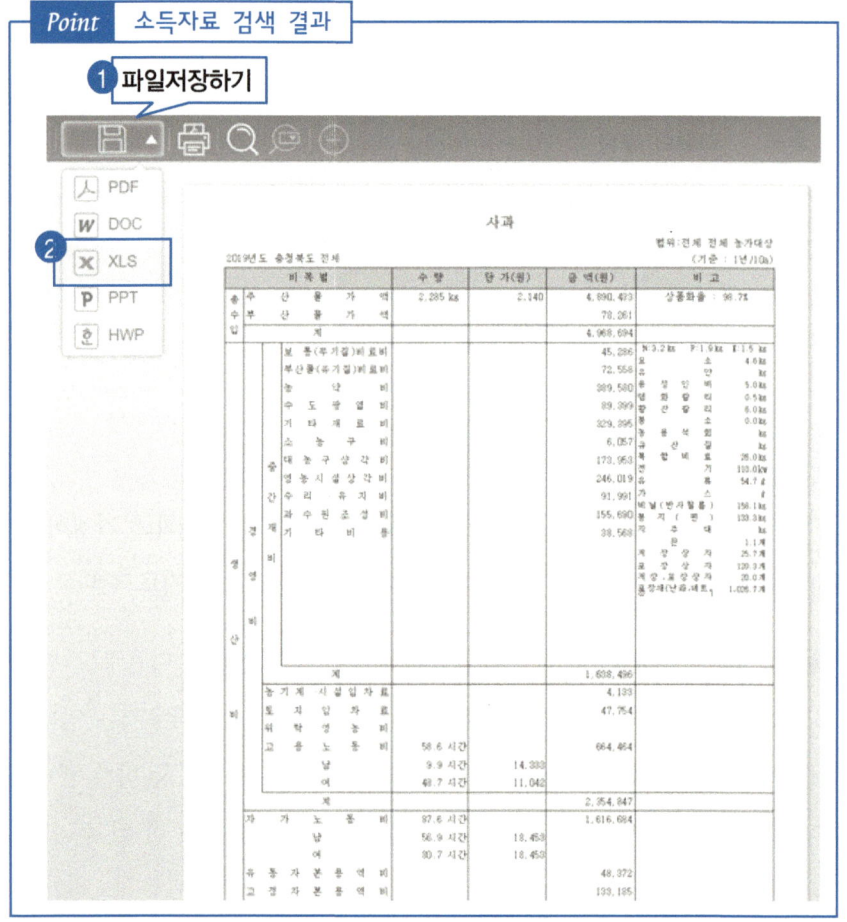

---

19) https://www.nongsaro.go.kr

3. 자기 조정하기

　검색자료의 소득자료 정보는 1년 동안 10a(아르)[20] 당 상품화율이 98.7%, 수량은 2,285kg, 판매단가는 2,140원, 부산물가액은 주산물가액의 1.60%로 조사된 데이터를 볼 수 있다.

　이 자료는 충청북도 전체의 평균값으로 귀농 초기 기술력을 70% 수준으로 가정하면 1년 동안 10a(아르) 당 수량은 1,470kg, 단가는 1,498원으로 추정할 수 있다.

Point　자기조정 계산방법

✚ **기술력 70% 가정 시**
- **수량 자기 조정**
  ① 소득자료 수량(2,609kg) ÷ 소득자료 상품화율(98.5%) = 수확량(2,101kg)
  ② 수량 자기 조정 = 수확량(2,285kg) × 기술력(70%) = 1,600kg
- **단가 자기 조정**
  소득자료 단가(2,140원) × 기술력(70%) = 1,498원
- **부산물비율**
  농가소득자료집에 제시된 각 작목별 부산물가액 ÷ 주산물가액

✚ 기술력은 귀농인 자신의 상황에 맞게 자율적으로 지정해서 적용

　영농규모는 9,917.4㎡(3,000평)으로 위 자기 조정한 값에 평 기준으로 사업계획 농지면적으로 환산[21]하기 위해서는 수량 자기 조정값에 면적환산지수를 곱하여 계산하면 된다.

- 면적환산지수(평 기준) = 귀농계획면적(평) ÷ 10a 당 환산(302.5)
- 면적환산지수(㎡ 기준) = 귀농계획면적(㎡) ÷ 10a 당 환산(1,000)

---

20) 10a = 1,000㎡ = 302.5평
21) 면적기준은 ㎡이나 평 어느 것으로 계산해도 값은 같음.

> **Point** 면적환산지수 계산 사례
>
> - 귀농면적 환산
>   - ▶ 평 기준 귀농계획면적(3,000평) ÷ 10a 당 환산(302.5) = 9.9174
>   - ▶ ㎡ 기준 귀농계획면적(9,917.4㎡) ÷ 10a 당 환산(1,000) = 9.9174

위 사례에 따라 면적환산 생산량을 계산하면, 수량 자기 조정값(1,600kg) × 면적환산지수(9.9174) = 155,863kg이 된다. 단가 자기 조정값(2,140원) × 기술력(70%) = 1,498원이 된다. 독자 본인의 귀농 계획면적에 따라 꼭 손으로 몇 차례 실습해 보기를 권한다.

> **Point** 연습문제22) 다음의 사례로 매출액을 추정해 보시오
>
> ✚ 귀농계획 사례
> - 귀농 후보지 : 전남
> - 선정 작목 : 시설 오이(촉성)
> - 귀농 계획면적 : 3,000평
> - 기술력 : 80%
> - 문제
>   - ▶ 귀농 첫해 생산(판매)량은 어느 정도 추정하는 것이 합리적인가?
>   - ▶ 귀농 첫해 단위당 가격은 얼마로 추정하는 것이 합리적인가?
>   - ▶ 귀농 첫해 위 사례에 대한 매출액을 계산하시오.

4. 영농 연차별 매출액 추정하기

매출액을 추정하기 전에 알아둘 것은 농산물은 1년 이내에 영농작업을 시작하여 수확까지 가능한 단년생 농산물(1년생)과 1년 이상의 생장 기간이 필요하고 그 기간 이후에야 비로소 수확이 가능한 다년생 농산물(2년생, 4년생 등)이 있다.

---

22) 부록에 계산 절차와 해답 참고. 단 꼭 시도한 이후에 참고하시기 바랍니다.

단년생 농산물의 경우 영농 1차연도 매출액은 영농 관련 투자가 완료되면 그해 또는 다음 해부터 바로 수확에 따른 1차연도 매출액 추정이 가능하다. 이때의 계산은 바로 앞 절에서 설명하고 실습한 내용을 그대로 따르면 된다.

다년생 농산물의 경우 영농 투자가 완료 후 작목에 따른 일정한 생장 기간을 거친 후 첫 수확이 가능한 연도에야 비로소 1차연도 매출액 추정이 가능하다. 그러한 이유로 다년생 농산물의 경우 귀농 1차연도 또는 첫 수확 이전 해까지는 매출액은 없고, 계속 생산비만 투입되어야 적정한 사업계획일 것이며 이는 합리적인 사고에 따라서도 적절한 것이다.

5. 영농 2차연도 이후 매출액 추정하기

1차연도의 매출액 추정을 완료한 이후 대출금이 상환 가능한 연도까지 중장기적으로 매출액을 추정하여 사업계획서 내 세부 사업추진계획과 융자금 상환계획 작성을 준비해야 한다.

2차연도 이후의 매출액을 추정하기 위해서는 1차연도 추정매출액을 기준으로 일정한 법칙을 적용해야 합리적인 매출액 추정이 가능하다. 기껏 앞장에서의 자료검색과 자신의 상황에 맞춘 자기조정까지 거쳐 1차연도 매출액을 추정하고나서 2차연도부터는 다시 계획금액이 아닌 목표나 희망금액으로 대략적으로 기재한다면 창업계획서의 품질은 바로 낮아져 버릴 것이다.

미래의 매출액 추정은 여러 가지 방법이 있으나 이 책에서는 독자인 (예비)귀농인이 적용하기 쉬운 방법을 제안하고 연습해보고자 한다. 다만, 누군가가(특히, 선정심사위원회의 평가위원) 자신의 창업계획서를 보고 물어봤을 때 논리적인 근거를 가지고 이해될 만한 방법이면 어떠한 방법이라도 무방하다는 것을 미리 말해둔다.

첫 번째 단계로 농업교육과 경험을 통해서 자신의 기술력 수준이 100%되는 시점까지 일정 간격으로 매년 자기 조정값을 상향한다. 이 책의 사례로 보면 1차연도 자신의 기술력 수준을 70%로 가정한다면 매년 10%씩 기술 수준을 높여서 4차연도에 농축산물 소득자료의 100% 수준까지로 계산하여 추정하는 단계이다.[23]

두 번째 단계는 농축산물 소득자료의 100% 수준 도달 이후부터 매출액을 추정하는 방법이다. 이 책에서는 통계청에서 매년 발표하고 있는 농가 경제조사 중 생산성지표를 활용하여 추정하는 방법을 제시한다. 정부가 발표하는 농가 생산성지표는 노동생산성, 토지생산성, 자본생산성의 3가지로 제시하고 있다. 이 중 토지구매나 시설 확충을 위한 추가 투자 없이 기술력과 효율적인 작업을 통한 생산성 결과인 노동생산성을 활용하기로 한다. 2020년 현재는 2003년부터 2019년까지 16년간의 생산성 통계가 발표되어 있어 이 기간의 연평균성장률을 계산하여 농축산물 소득자료의 100% 수준 도달 이후 연도부터 다음 표의 노동생산성 연평균성장률을 매년 가산한 기술력을 반영하여 매출액을 추정하는 방법이다.

---

[23] 기술력 수준은 독자 본인의 자기진단을 통해 자율적으로 결정하되 선정심사위원회에서의 질문에 답변할 수 있도록 준비해야 한다. 이는 초기 기술력에도 적용되며, 2차연도 이후 기술력의 상향조정도 이 책 본문에는 10%씩 상향하게 되어 있지만, 자신의 상황에 따라 5%씩 또는 20%씩 상향해도 무방하다는 뜻이다.

■ 영농형태별 노동생산성 연평균성장률(2003~2019)

(단위 : %)

영농형태 구분	연평균성장률(2003~2019)
논벼	2.9%
과수	2.0%
채소	2.8%
특용작물[주1]	2.8%
화훼	3.4%
일반밭작물	4.4%
축산	5.7%
기타	7.8%

*자료 : 통계청, 수익성・생산성・안정성 지표(농가경제)[24], 2003~2019
주1) 같은 기간 특용작물의 노동생산성에 대한 연평균성장률은 -0.6%로 조사되어 영농형태 평균인 2.8%를 적용한 것임

예를 들어, 이 책의 사례 작물인 사과의 경우 과수에 해당함으로 기술력 100% 도달 이후 매년 기술력을 2.0%씩 가산하여 매출액을 추정한다.

■ 매출액 추정을 위한 기술력 적용사례

(단위 : %)

구분	귀농 후 1차년도	귀농 후 2차년도	귀농 후 3차년도	귀농 후 4차년도	귀농 후 5차년도	귀농 후 6차년도	귀농 후 7차년도	귀농 후 8차년도	귀농 후 9차년도	귀농 후 10차년도
적용 기술력	–	–	70%	80%	90%	100%	102%	104%	106%	108%
비고	가정, 4년생 묘목으로 과원 조성, 3차연도부터 수확									

[24] 자료 경로 : 국가통계포털 〉 국내통계 〉 주제별 통계 〉 소득・소비・자산 〉 농가경제조사 〉 농가경제(2003년 이후) 〉 수익성・생산성・안정성지표(농가경제), 2003~2019

3 매출액 추정의 종합 사례

위에서 공부한 충청북도로 귀농을 하여 사과농장을 창업한 사례의 매출액 추정을 종합적으로 연습해 보도록 하자. 다시 한번 말하는데 눈으로만 보지 말고 손으로도 직접 연습해보도록 하자.

❶ 작목의 결정 : 농가소득정보 중 정보[25]가 존재하는 사과작목을 선택하고 귀농 후보지역은 충청북도로 설정하였다.

❷ 영농규모의 결정 : 사과농장은 $9,917.4m^2$(3,000평)규모에, 4년생 묘목으로 과원을 조성하고 3차연도부터 수확하는 것으로 가정하였다. 단, 기존 조성된 과원을 매입하여 귀농하거나 묘목과 성목을 혼합 재식하는 경우, 향후 과원의 갱신 또는 확대 등이 계획되어 있을 경우 실제에 따라 합리적으로 추정해야 할 것이다.

❸ 농산물소득자료의 검색 : 농촌진흥청 농사로 농업기술포털 홈페이지의 농사백과 농업경영에 제시된 소득 기준(Benchmarking) 수량과 단가 자료를 검색하고 준비한다.

- 충청북도 사과 평균 10a 당 생산량 2,285kg
- 충청북도 사과 평균 판매단가 kg 당 2,140원
- 충청북도 사과 평균 부산물가액 10a 당 78,621원(매출액대비부산물매출비율 1.6%)

---

[25] 이 책에서는 경종 위주의 사례연습을 제시함. 축산분야는 인허가의 어려움, 대규모 투자 필요 등으로 경험없는 귀농인이 접근하기에는 다소 어려운 점을 반영하였음. 축산분야도 이 논리대로 진행하면 충분히 매출액 추정이 가능함.

❹ 자기조정 : 벤치마킹 대상의 10a당 농산물 소득을 자신의 귀농 영농 규모를 기준으로 환산하기 위해 환산면적 지수를 산출한다. 귀농인 자신의 상황을 고려하여 매출액이 최초로 발생하는 연도에 자신의 기술력을 충북 지역 사과 평균의 70%로 설정하고 생산량·가격을 자신의 기술력에 따라 조정한다.

- ㎡ 기준 귀농계획면적(9,917.4㎡) ÷ 10a 당 환산(1,000) = 9.9174
- (최초 생산량) 수량 자기 조정값(1,600kg) × 면적환산지수(9.9174) = 155,863kg
- (최초 판매가) 단가 자기 조정값(2,140원) × 기술력(70%) = 1,498원

❺ 매출액의 추정 : 귀농 후 최초 매출액 발생 연도 매출액 추정은 최초 생산량 × 최초 판매가를 적용하고, 이후 연도 이후부터 기술력은 매년 5%씩 향상한다는 것으로 설정한다. 기술력이 100%에 도달하면 2%씩 증가하는 것으로 추정하고 2020년 창업계획서에 추가된 정책 대출의 상환계획을 위해서 대출 기간인 15년간 농장경영을 통해 창출된 수익으로 상환할 수 있는지를 판단해 보아야 한다.

- 4년생 묘목 재식으로 3차연도부터 매출이 발생하는 것으로 가정
- 과원 확대는 고려하지 않았고, 판매가격은 매년 물가성장률(2%) 만큼 인상된다고 가정

(단위 : 천원)

구분	산식	+1차년	+2차년	+3차년
면전환산지수(A)	9,917.4㎡ ÷ 1,000 = 9.9174			
자기조정(B)	최초 기술력 자기 조정, 70%	–	–	70%
생산량(kg, C)	조사대상작목 생산량 × A × B	–	–	15,863
판매가격(원/kg, D)	조사대상작목 판매가격(2,140) × B	–	–	1,528
매출액(E)	E1 + E2 + E3	–	–	24,626
농산물매출(E1)	C × D	–	–	24,238
부산물매출(E2)	E1 × 조사대상작목 부산물비율(1.6%)	–	–	388
기타매출(E3)	이 외 기타매출이 있으면 자유롭게 기재	–	–	–

구분	+4차년	+5차년	+6차년	+7차년	+8차년	+9차년	+10차년
자기조정	75%	80%	85%	90%	95%	100%	102%
생산량	16,996	18,129	19,262	20,395	21,528	22,661	23,114
판매가격(원/kg)	1,637	1,746	1,855	1,965	2,074	2,183	2,226
매출액	28,269	32,164	36,310	40,708	45,356	50,256	52,287
농산물매출	27,824	31,657	35,738	40,066	44,642	49,465	51,463
부산물매출	445	507	572	641	714	792	824
기타매출	–	–	–	–	–	–	–

구분	+11차년	+12차년	+13차년	+14차년	+15차년
자기조정	104%	106%	108%	110%	112%
생산량	23,568	24,021	24,474	24,927	25,380
판매가격(원/kg)	2,270	2,314	2,357	2,401	2,445
매출액	54,357	56,468	58,619	60,810	63,042
농산물매출	53,501	55,579	57,696	59,852	62,049
부산물매출	856	889	923	958	993
기타매출	–	–	–	–	–

귀농 농업창업사업계획 작성 실습

1 귀농인 기초현황 작성

앞장에서 다룬 귀농 농업창업 지원정책 주요 내용을 이해하고 귀농인에게 요구되고 있는 정책적 목적에 부합하는 귀농 농업창업계획을 작성하여 고득점을 획득할 수 있도록 해야 할 것이다.

이번 장에서는 제4장에서 학습해 본 작목 결정 및 매출액 추정의 메커니즘을 활용하여 귀농 농업창업사업계획서에 중요한 항목인 농업손익추정과 함께 융자상환계획 수립에 대해서도 실습해 보기로 한다. 또한, 이 결과는 제3장에서 살펴본 "귀농 농업창업 및 주택구입 지원사업 신청서"의 사업신청 내용 즉, 사업별 규모(량)인 농업창업자금과 주택구입비와 사업비 등에 종합적으로 적용되어 귀농 농업창업계획서와 일관되게 작성되어야 함을 잊지 말아야 한다.

1 현황 작성

현황 작성의 주요 기재항목은 성명, 생년월일, 주소, 전화번호 등 귀농인의 기초 정보와 현재 운영하는 주 영농분야(작목)를 기재한다. 귀농인의 기초 정보와 현재 농업과 관련한 주요 상황을 기록하여 선정심사 평가자에게 귀농인의 기본정보를 제공하는 항목이다. 성명은 한글과 그 옆 괄호 안에 한자를 함께 적어 작성한다. 생년월일은 주민등록상 생년월일을 작성하고, 주소는 현재 거주하고 있는 주소를 기재하면 되고, 전화번호는 유선 번호와 휴대전화를 같이 기재하되 비상 연락망을 관계와 함께 기재하여 심사과정에서 필요할 때 충분히 연락 가능한 전화번호를 기재하는 것이 필요하다.

주 영농분야(작목)는 표의 제목이 현황인 만큼 규모와는 상관없이 현재 운영하는 영농분야를 기재하면 된다. 기재는 크게 경종 분야와 축산분야로 선택하여 기재한 후 바로 옆 괄호 안에 경종인 경우는 이에 해당하는 작목인 수도작(벼농사), 사과, 화훼, 딸기, 토마토 등 구체적인 작목을 기재하고, 축산의 경우에는 한우, 양돈, 양계, 산란계 등 구체적인 축종을 구분하여 기재한다. 귀농을 준비하고 있고 현재 농업을 영위하지 않는다면 "해당 없음"으로 기재하면 된다. 이 항목은 지원사업 신청서의 신청자란과 영농분야(작목)란과 일치해야 한다.

1. 현황 [작성예시]

성명	홍길동(洪吉童)	생년월일	1971.00.00
주소	서울시 OO구 OO로 123	전화번호	02-1234-5678 (010-1234-5678) (배우자, 010-2345-6789)
주 영농분야(작목)	(기존 영농기반 보유 시) 경종(과수원) (귀농 준비 시) 해당 없음		

* 경종(수도작, 사과, 배, 화훼 등), 축산(한우, 양돈, 양계 등)으로 구분 기재

2 영농기반 작성

1. 영농규모(㎡)

영농규모는 현재 현황을 보유하고 있는 경우에는 표 각 칸에 논(畓), 밭(田), 과수원(果), 축산분야 사료포[26], 목초지[27] 등의 면적을 소유, 임차를 구분하여 구체적으로 기재하고 '계'에는 각 면적의 합계를 내어 기재하도록 한다. 다만, 귀농 준비 중으로 현황이 없으면 공란으로 두면 된다. 영농규모의 단위는 법률적 도량형으로 모든 공문서에 적용되고 있는 ㎡로 기재하여야 한다. 만약, 기존의 평형 정보만 있다면 알고 있는 평수에 3.305785를 곱하여 산출 값을 기재하면 된다. 이 항목은 지원사업 신청서의 '현재 영농규모' 중 농지규모와 사육두(마리) 수와 일치해야 한다.

2. 영농기반 [작성예시]

① 영농규모(㎡)

■ 기존 영농기반 보유 시

구분	계	과수원	
소유	9,917.4	9,917.4	
임차	–	–	
계	9,917.4	9,917.4	

■ 귀농 준비 시

구분	계		
소유	–		
임차	–		
계	–		

* 현재 영농기반이 있을 때 표 각 칸 안에 논(畓), 밭(田), 과수원(果), 축산분야 사료포, 목초지 등의 면적을 소유, 임차로 구분하여 기재하고 왼쪽에서 두 번째 칸에 합계

2. 시설현황(동/㎡)

시설현황은 현재 시설을 보유하고 있을 때 창고(저온저장고 등), 축사, 온실, 비닐하우스, 버섯재배사 등 각각의 시설명과 수량 및 건축 총면적을

---

[26] 가축 사료로 활용할 조사료 재배지
[27] 가축을 방목하는 초지(草地)

㎡ 단위로 소유와 임차를 구분하여 기재한다. 기재하는 방식은 '동/㎡'로 예를 들어, 50평 정도의 저온저장고가 1동이 있다면, 면적은 50평 × 3.305785 = 165.29㎡로 '1/165.29'로 기재하면 된다. 귀농 준비 중으로 현황이 없으면 공란으로 두거나 "-" 하이픈 표시를 하면 된다. 이 항목은 지원사업 신청서의 '현재 영농규모' 중 저장시설과 시설규모(하우스 등)과 일치해야 한다.

2. 영농기반 [작성예시]
② 시설현황(동/㎡)

■ 기존 영농기반 보유 시

구분	창고			
소유	1/165.29			
임차	-			
계	1/165.29			

■ 귀농 준비 시

구분				
소유	-			
임차	-			
계	-			

* 현재 운영하는 영농시설이 있을 때 표 각 칸 안에 창고, 축사, 온실, 비닐하우스, 버섯재배사 등의 보유 수량과 면적을 소유, 임차로 구분하여 기재
** 공란으로 두거나 "-"(하이픈)으로 없다는 표기를 하면 됨

3. 농기자재(대/연식)

농기자재 현황은 현재 보유하고 있을 때 트랙터, 경운기, 이앙기, 콤바인, 관리기, 건조기, 선별기, 차량(농업용화물자동차), 리프트카 등 각각의 농기자재 명과 수량 및 제조연식을 기재한다. 기재하는 방식은 '대/연식'으로 예를 들어, 2020년식 농업용화물자동차를 1대 보유하고 있다면, '1/2020'로 기재하면 된다. 귀농 준비 중으로 현황이 없으면 '해당없음'으로 기재하면 된다. 이 항목은 지원사업 신청서의 '현재 영농규모' 중 '농기계'란과 일치해야 한다.

2. 영농기반 [작성예시]
③ 농기자재(대/연식)

■ 기존 영농기반 보유 시   ■ 귀농 준비 시

차량				해당없음			
1/2020							

* 현재 보유하고 있는 농기자재가 있을 때 표 각 칸 안에 트렉터, 경운기, 이앙기, 콤바인, 관리기, 건조기, 선별기, 차량, 리프트카 등의 보유 수량과 연식을 기재함
** 귀농 준비 시에는 "해당없음"으로 표기

4. 재배현황(m^2)

재배현황은 현재 벼, 보리, 사과, 배, 포도 등의 경종분야를 재배하고 있다면 그 재배면적을 기재한다. 재배현황의 단위는 m^2로 기재하여야 한다. 만약, 기존의 평형 정보만 있다면 알고 있는 평수에 3.305785를 곱하여 산출 값을 기재하면 된다. 위 ①번의 영농규모는 보유하고 있는 총면적을 의미하며 재배현황은 보유 영농기반 중 재배를 하고 있는 면적이다. 다만, 귀농 준비 중으로 현황이 없으면 '해당없음'으로 기재하면 된다.

2. 영농기반 [작성예시]
④ 재배현황(m^2)

■ 기존 영농기반 보유 시   ■ 귀농 준비 시

계	사과			해당없음			
9,917.4	9,917.4						

* 현재 경종분야의 재배를 영위하고 있을 때 표 각 칸 안에 벼, 보리, 사과, 배, 포도 등의 재배면적을 기재하고 맨 왼쪽 칸의 "계"에 그 합계 면적을 기재함
** 귀농 준비 시에는 "해당없음"으로 표기

5. 가축사육(두, 수)

　가축사육현황은 현재 한우, 젖소, 돼지, 닭 등의 축산분야 사육을 하고 있다면 그 마릿수를 기재한다. 가축 사육현황의 단위는 소나 돼지의 경우는 "두"로, 닭 등 가금류는 "수" 기재한다. 만약 한우를 10마리 키우고 있다면 표 위에 '한우'로 기재하고 바로 그 아래에 '10'이라고 기재하면 된다. 다만, 경종분야만 재배하고 가축사육 현황은 없거나, 귀농 준비 중으로 현황이 없으면 '해당없음'으로 기재하면 된다.

2. 영농기반 [작성예시]

⑤ 가축사육(두, 수28))

- ■ 기존 영농기반 보유 시
- ■ 귀농 준비 시

한우				해당없음			
10							

* 현재 축산분야의 축종 사육을 하고 있을 때 표 각 칸 안에 한우, 젖소, 돼지, 닭 등의 사육규모(두, 수)를 기재함
** 귀농 준비 시에는 "해당없음"으로 표기

6. 기타 특기사항

　위에서 알아본 영농기반에 대한 ①~⑤사항 이외에 농가의 영농규모를 파악할 수 있는 내용을 기술할 필요가 있을 때 ⑥ 기타 특기사항을 충분히 활용하여 귀농 농업창업 지원심사에 대비해야 하겠다. 현재 영농에 종사하고 있는 경우 기존 방식과 차별화될 수 있는 농업방식, 귀농 이후 영농에 종사하고자 할 때는 독특한 아이디어나 농업기술 등을 독자들의 상황에 맞추어 상세하게 기술해서 자기 생각을 구체화하여 귀농 창업을 준비함과 동

---

28) 소나 돼지 등의 가축을 셀 때 단위를 "두"로, 닭이나 오리 등의 가축을 셀 때 단위를 "수"로 쓴다.

시에 사업계획서를 독자가 이해하기 쉽게 기술하고 이에 대한 자료가 있다면 첨부하여 사업계획서의 신뢰를 증대하는 것이 중요하다.

2. 영농기반 [작성예시]

⑥ 기타 특기사항

■ 기존 영농기반 보유시
- (현황) 귀농 초기 1,983㎡의 비닐하우스를 설치하고 시설 상추를 토경 재배함
- (차별화 전략) 9,917.4㎡의 면적에 연동하우스로 영농규모를 확장하고 수경재배로 전환하고 외부기상, 내부온도, 습도, 양액 EC, PH, 양액공급시간 등의 데이터 수집으로 생산량을 안정적으로 확대하기 위한 보급형 스마트팜 환경을 구축할 계획임
- (기대효과) 생산량을 안정적으로 확대유지 하고, 라이브 커머스 등 직거래 확대로 수익률을 향상하고 친환경 급식 시장에 진출하여 농가소득을 획기적으로 증대함

■ 귀농 준비시
- (귀농 전 경력) 기업에서 25년간 영업 부문에서 일한 경력을 활용하여 로컬푸드 매장과 대형마트는 물론 식자재 유통 등 다양한 거래처 확보로 농가 소득을 극대화할 것임
- (차별화 전략) 사과 과원은 9,917.4㎡의 면적에 4년생 묘목을 구입하여 1,322주를 식재하고 폭염에 대비하기 위한 햇빛 차단망과 자동살수장치를 설치하여 최상품 사과를 수확하고 지역 사과 재배 농업경영체와의 연계협력을 통하여(작목회 등 가입) 공동 구매 등에 따른 원가절감으로 수익 극대화는 물론 기술역량을 강화하고 지역의 발전에도 기여할 계획임. 수확물 중 상품은 도시민 대상 온라인 직거래 및 로컬푸드 등 유통매장에 납품하고 중품 이하는 식자재 유통을 계획하고 있음. 또한, 체험학습을 통한 6차산업화로 사업을 확장해 나갈 계획임
- (기대효과) 귀농 성공사례로 자리매김하여 지역경제 활성화는 물론 귀농 후배에게도 귀농 선배로서 귀농 성공을 하는 데에도 도움을 줄 수 있도록 할 것임

* ①~⑤사항 이외에 농가의 영농규모를 파악할 수 있는 내용을 기술하고 관련 자료 첨부

3 기 정책자금 대출 현황

대출한도 차감을 위해 기 정책자금 대출 현황을 제시해야 한다. 기재해야 하는 이미 지원받은 정책자금 대출은 귀어·귀산촌 자금, 후계농업경영인 지원자금, 농촌주택개량사업 지원자금이다. 기 정책자금 대출이 있을 경우 대출 금융기관에 문의29)하여 대출총액, 대출금리, 상환기간, 잔액 등을 알아보고 기재해야 하며, 기존에 대출을 받지 않았다면 "해당없음"으로 기재하면 된다.

3. 기 정책자금 대출현황 [작성예시]

자금명	사용내역	대출현황				기타
		대출총액	대출금리	상환기간	대출잔액	
해당없음						

* 단위는 천원으로 기재함
** 기존 대출이 없으면 "해당없음"으로 표기
*** 기 정책 대출의 자금 사용내역은 대출 신청서에 기재한 자금신청내용을 기재함
**** 농촌주택개량사업 지원을 받은 경우 주택구입 자금지원은 불가함

---

29) 금융기관에서 금융거래확인서 발급

2 사업계획의 작성

1 사업비 투자계획

　사업비 투자는 귀농하여 영농 시에 필요한 자산의 투자(구입) 계획을 말한다. 자산에는 토지, 농기계, 묘목구매 및 가축 입식, 축사·창고·온실·관수시설 등 농장경영으로 장기간에 걸쳐 미래에 현금을 증가시킬 수 있는 귀농인 자신 농장의 모든 유무형의 자원을 말한다. 저자가 농업경영컨설팅을 위해 농장 현장을 방문했을 때 비닐하우스나 창고 등의 뒤편에 사용하지 않고 녹슬어 있는 농기계 등을 심심찮게 볼 수 있었다. 이런 것들은 자산(資産)이 아니다. 더 이상 내 농장에 사용되면서 미래에 현금을 벌어다 주는 것이 아니기 때문이다. 다만, 이런 것들은 재산(財産)일 수는 있다.

고물로 인정된다면 마지막으로 내다 팔면서 1,000원이라도 받을 수 있기 때문이다. 자산 투자시 다른 사람의 말을 듣거나, 다른 사람이 구매한다고 해서 충동구매를 하지 말고 미래에 자신의 농장에 현금을 벌어 줄 수 있는 것인지 심사숙고하기를 바란다.

자산 구매시 의사결정에 필요한 개념이 있다. 바로 효율성과 효과성이다. 효율성은 투입보다 산출이 더 큰 결과를 얻는 것. 즉, 될수록 적게 투입하고(적어도 최적 투자를 하고) 최대한의 성과를 도출할 수 있도록 하는 기업경영에서는 매우 중요한 의사결정 개념으로 농장경영에도 도입하여야 농장수익을 극대화할 수 있다. 반면, 효과성은 당위적인 것으로 투입의 크기는 고려하지 않고 산출의 여부만을 고려하는 의사결정 개념이다. 예를 들어 살펴보면 1년에 4번 정도 쓰는 가격 5천만원 내외의 트렉터가 있다고 하자. 이것을 구매한다면 내가 필요할 때 바로 사용할 수 있어서 매우 효과적일 것이다. 그러나 이 의사결정이 효율적인지는 따져봐야 한다. 만일 농기계 임대사업으로 지원받을 수 있다면 내 앞마당에 없어서 조금은 불편할 수 있지만 효율적일 수 있다. 물론 모두 효율적인 것이 효과적인 것이라고 볼 수는 없지만, 이 개념을 충분히 이해하고 자산 투자 시에는 면밀히 타당성에 대한 고려를 해야할 것이다.

자산은 구매할 시에만 현금이 유출되는 것이 아니라 이를 관리하고 운용할 때도 지속적으로 관리비가 지출되어 나중에 농장의 수익에도 많은 영향을 미친다. 이 책을 읽는 독자 여러분들도 원가절감, 비용절감이라는 말이 익숙할 것이다. 그러나 저자는 "원가, 비용의 절감은 엄밀히 말해 할 수 없거나 절감할 수 있더라도 가능한 폭은 매우 미미한 것"이라고 말하고자 한다. 투자 후 농장을 운영하면서 원가절감을 할 수는 있지만 눈에 띄는 원가절감을 위해서는 시설이나 농기계 등의 추가적인 투자가 있어야 한다. 이 때문에 사업 시작 전(前) 자산을 구매할 때(시설의 종류, 농기계의 도입, 생산 방식 등)의 의사결정시 농장운영과 관련된 대규모 원가절감을 할 수 있는 것 임을 꼭 명심하도록 하자.

투자계획의 사업비는 백만원 단위로 기재하고 정부지원 재원은 융자로 기재하고 '국고(보조금)[30])'와 '지방비[31])'는 "-"(하이픈) 표시로 고려대상에서 제외하고, 자담은 귀농인의 자기부담금으로 귀농 창업시 투자금액을 기재 하며, 그 규모는 자금조달계획에서 더 자세히 설명하기로 한다.

4. 사업계획 [작성예시]
① 사업비 투자계획

세부 사업명	규격 (단위)	단가(원)	사업량 (㎡, 대)	사업비(백만원)				지방비	자담
				계	정부지원(재원기재)				
					계	국고	융자		
계				167.7	117.7	-	117.7	-	50
농지구입	㎡	10,000	9,917	99.2	69.2	-	69.2	-	30
리프트카	대	23,000,000	1	23.0	13.0	-	13.0	-	10
운반차	대	5,000,000	1	5.0	5.0	-	5.0	-	-
SS기	대	20,000,000	1	20.0	10.0	-	10.0	-	10
묘목구입	주	12,000	1,332	15.9	15.9	-	15.9	-	-
저온저장고	식	4,600,000	1	4.6	4.6	-	4.6	-	-

---

30) 국고보조금, 본 저의 73페이지 참조
31) 지방비, 지자체의 이해관계가 있는 사무·사업을 수행하기 위하여 지출하는 지원금액

2 세부사업 추진계획

본 항목은 사업비 투자계획의 세부 사업에 대해 육하원칙에 따라 상세한 사업추진계획을 작성해야 한다. 사업 신청 귀농인은 농지구매, 하우스 신축, 농가주택 구매, 버섯사 등은 구체적 사업계획을 별첨하여 제출할 수 있다.(이때, 신청자는 시·군에서 농협은행에 '귀농사업 추진 실적(계획) 확인서' 제출 전까지 부동산거래계약신고필증, 부동산매매계약서, 임대차계약서, 시설공사계약서, 등기부등본 등 증빙서류를 제출할 수 있다.)

농지구입은 누가(Who), 언제(When), 어디서(Where), 무엇을(What), 어떻게(How), 왜(Why) 등의 육하원칙에 의해 기술하고 이에 따른 부동산매매계약서 등을 첨부하여 농업 창업계획서의 신뢰도를 높이도록 한다. 이 외에 건축, 설비, 농기계 구매 등 귀농 창업을 위한 자산 투자내용과 마케팅 등 기타 추진계획에 대해 상세히 기술하고 이에 대한 증빙자료나 유사사례 조사 자료·사진 등을 첨부하여 귀농 농업창업계획서의 신뢰도를 높이도록 한다. 농기계 가격은 한국농기계공업협동조합 기준가격[32](기종명, 제조회사, 규격, 연식 기재)을 검색하여 기재한다.

4. 사업계획 [작성예시]
 ② 세부사업 추진계획

> ■ 농지구입
> • 충청북도 OO군 OO면 OO로 123 거주 성춘향 소유의 충청북도 OO군 OO면 OO로 과 9,917.4m²을 2021년 7월 30일 이내 확정 계약을 체결하고 OOO공인중개사 사무소의 매매계약에 의하여 사과농장 창업을 위해 귀농인 농업창업자금 대출을 받아 2021년 8월 30일까지 귀농인 본인 홍길동의 소유로 등기를 완료할 예정임.(부동산매매계약서 등 첨부)

---

[32] 한국농기계공업협동조합(http://kamico.or.kr), 자료실 → 목록집 → 정부지원(융자)모델, 일반농업기계모델(정부융자지원이 되지 않은 모델) 참조

- **과원 조성**
- 기존 과원의 노목의 굴취와 평탄작업 이후에 굴삭기 등을 이용하여 암거배수시설인 유공관을 묻고 토양개량을 위한 퇴비 등을 살포하고 정지 작업을 하고, 그 이후 토양 안정화를 위한 목초종자를 파종하고 수확 후 또는 이듬해에 관수시설 설치함
- 묘목은 후지/M9 1,000주, 꽃사과/M9 332주를 구매하여 재식거리 4m×1.5m로 밀식과원을 귀농 첫해에 조성을 완료할 계획임(작업계약서)
- **농업전기 인입**
- 농업용 3상 10kw 전기의 인입이 필요한 것으로 조사되었고, 이의 준비를 위해 인근 OO면에서 최근 개발 신규개원한 사과농장의 사례를 참고 함('20년, OO면 OO사과농장, 사진자료 첨부).
- **농기계 구입**
- SS기용제초기, 형식 HALF MOWER-1200SS, 규격(110), 1대, 재율공업
- 농업용동력운반차, 형식 APC-1000M, 1테크(1000), 아세아텍
- 농업용리프트, 형식 DW-2006L, 규격(150), 1대, 동원테크
- 사진자료 첨부
- 저온저장 창고 설비
- 생산 사과의 신선 보관을 위한 저온 냉장창고를 33.06m² 규모로 설치할 계획임 (견적서 첨부)
- **마케팅 추진**
- 온라인(블로그, 오픈마켓 입점 등) 쇼핑 및 도시민 대상 직거래 준비
- 로컬푸드, 유통매장 청과물 코너 납품계획 준비
- 식자재 유통 계획 준비
- 중장기적으로 체험학습을 통한 6차산업화 준비 계획임
- 블로그 제작, 오픈마켓 입점 준비 등을 알 수 있는 증빙 첨부

3 자금조달 계획

자금조달 계획은 '4. 사업계획의 ① 사업비 투자계획'을 통해 산출된 총 필요자금을 어떻게 조달할 것인가에 대한 계획을 제시하는 항목이다.

총 필요자금 100%를 융자받지 못하는 것은 상식적일 것이다.

독자의 지인이 창업을 위해 1억이 필요하고 이 자금 모두를 빌려달라고 부탁한다고 하면 어떤 생각이 들지 상상해보자. 사업을 하는 사람은 한 푼도 투자하지 않고 남에게 사업비 전부를 빌려달라고 하면 이해가 안 될 것이다. 사업계획을 충분히 설명한 후 필요한 사업자금 중 자신이 준비한 자금 외 부족한 자금을 빌려달라고 해도 많은 고민이 될 것이다. 이 경우는 친형제 관계에 대입해도 마찬가지일 것이다.

그럼 피 한 방울도 섞이지 않고 대출을 해주고 이자와 원금상환이 될 것인가를 냉철하게 판단해야 할 금융기관에서는 어떨까. 통상은 사업자 자신의 투자를 50%, 부족자금의 금융기관 융자를 50%로 하는 것을 합리적인 사업 필요자금 배분으로 생각하고 이를 선호하지만, 창업자의 입장을 충분히 감안하더라도 사업자 자신의 투자를 적어도 20%~30%는 생각해야 한다. 자금조달에는 이를 충분히 고려해서 계획하도록 하자.

4. 사업계획 [작성예시]
③ 자금조달 계획

(단위 : 천원)

조달		조달방식을 상세하게 작성
항목	금액	
합계	167,638	총 필요자금 167,638천원 중 귀농인이 도시생활을 통해 준비한 50,000천원(29.8%)을 귀농창업에 투자하고, 부족자금 117,638원은 귀농 창업자금으로 조달할 계획임
자체자금	50,000	
신규출자	–	
외부차입	117,638	
기타	–	

4 향후 사업(신청사업 분야) 계획

 귀농 후 창업을 위해 세부 사업추진계획을 수립하고 사업계획에 따른 자금을 조달하여 계획한 사업비를 투자하고 비로소 귀농 영농을 시작한 후 연간 판매수입 즉, 매출액 추정과 경영비를 추정한 사업계획을 제시한다. 금액을 기재할 때는 금액 단위를 잘 관리해야 한다. 단위 적용이 잘못되면 터무니없는 금액 오류가 발생할 수 있다. 귀농 농업창업계획서의 주요 금액 단위는 천원으로 기재하되 '4. 사업계획 ①사업비 투자계획'의 단위는 백만원, '4. 사업계획 ④향후 사업(신청사업 분야)계획'의 단위는 만원으로 기재해야 하는 등 귀농 농업창업계획서에서는 기재항목별로 단위가 달라 이를 특별히 주의해서 작성해야 한다.

 본 항목은 사업비 투자 이후 연간판매 수입과 경영비를 기재하는 것으로 '5. 융자금 상환계획'을 작성시 산출된 값을 참고하여야 하므로 자세한 내용은 '5. 융자금 상환계획'에서 살펴보기로 한다.

 추가로 귀농 농업창업계획에서 사업계획의 추정 시에는 투자 후 판매 수입 및 경영비에 대해 신청 당시의 물가를 적용할 것을 제시하고 있다. 그러나, 정책자금 상환기간이 15년으로 매우 장기간의 농업손익 추정이 필요하며 농산물의 가격도 물가인상에 따라 지속적으로 상승할 것이고, 경영비에 투입되는 영농을 위한 각종 원가나 비용도 시간이 흘러감에 따라 인상되는 '화폐의 시간가치'[33]를 고려해서 추정해야 현실에 더 가까운 추정이 될 것이다. 저자가 제공한 '1억뷰 N잡' 사이트에 '귀농 농업창업계획 연습' 자동화 엑셀파일에

---

33) 화폐의 시간가치는 신규투자시 재무적인 의사결정을 할 때 고려해야 하는 개념으로 투자는 현재 이루어지지만, 투자 이후로부터 생겨날 이익은 미래에 실현되기 때문에 현재 1,000원과 미래 1,000원의 가치는 달라지며 이를 반영해야 한다.

는 물가성장률 2%로 가정[34]하여 반영한 농업손익 추정식을 적용하였으니 실질적인 사업계획을 위해서는 이 자동화 엑셀파일의 규칙을 따르고, 귀농농업창업계획서의 본 항목 작성 시에는 자동화 엑셀파일의 물가성장률을 0%로 수정하여 도출된 값을 기재해도 무방할 것이다.

4. 사업계획 [작성예시]
④ 향후 사업(신청사업 분야)계획

(단위 : 평, 마리, 만원)

작목명	현재				사업비 투자(준공) 후			
	재배면적	사육두수	연간판매수입	경영비	재배면적	사육두수	연간판매수입	경영비
사과					9,917.4m² (3,000평)	–	2,463	1,190
•								
•								

* 투자 후 판매 수입 및 경영비는 신청 당시의 물가 적용

5 단기 및 중장기 영농계획

이 항목은 '제2절 사업계획의 작성' 내용을 실현하기 위한 실천계획 등을 수립하는 것이다. 영농계획은 단기·중기·장기로 구분하여 비전, 목표, 전략을 수립하고, 비전과 목표 달성을 위한 세부 실천과제를 상세하게 작성할 것을 요구하고 있다.

단기(短期)는 귀농 후 1~2년 차, 중기(中期)는 귀농 후 3~5년 차, 장기(長期)는 귀농 후 6년 차 이후로 구분하여 단계별로 비전(Vision)과 그 비전을

---

[34] (전년도 매출액, 전년도 경영비) × (1 + 2%)

달성하기 위한 구체적인 목표를 수립하고, 목표 달성을 위한 구체적인 세부 실천과제를 설정하고 이를 관리하기 위한 간트차트(Gantt chart)[35]를 제시하도록 한다.

비전(Vision)은 너무 어렵게 생각하지 말고 독자 여러분이 귀농한 후 자리매김하고자 하는 일종의 미래상(像)이라고 생각하면 된다. 비전은 너무 추상적으로 설정하여 뜬구름 잡는 것으로 보이는 것보다는 귀농 목표 달성을 위해 쉽지는 않지만 노력하면 실현 가능한 미래의 목표라고 생각하고 작성하도록 하자.

Tip 농업경영체 전체의 비전 사례

✢ 좋지 않은 사례
  ▸ 나는 농업인들에게 존경받고 신뢰받는 농업기술자가 된다.
  ▸ 나의 농장은 소비자가 안심하고 먹을 수 있는 친환경 사과를 생산하고 가공하기 위하여 항상 노력한다.

✢ 좋은 사례
  ▸ 귀농 후 5년 사과 특품비율 30% 달성
  ▸ 2030년 농가소득 1억원 달성
  ▸ 2030년 사과재배면적 3.5ha까지 확대로 농가소득 안정화
  ▸ 2030년 사과수확 및 가공 체험장 설치로 6차산업화를 달성

귀농인 본인 농업경영체 전체의 비전이 설정되었다면, 그 비전을 달성하기 위한 단기·중기·장기 단계별로 하위 비전을 작성하고 정량적인 목표와 정성적인 목표를 수립한 후 그 목표를 달성하기 위한 세부 실천과제를 수립하도록 한다.

---

[35] 간트차트(Gantt chart)는 프로젝트 일정관리를 위한 바(bar)형태의 도구로서, 각 업무별로 일정의 시작과 끝을 그래픽으로 표시하여 전체 일정을 한눈에 볼 수 있게 하는 것

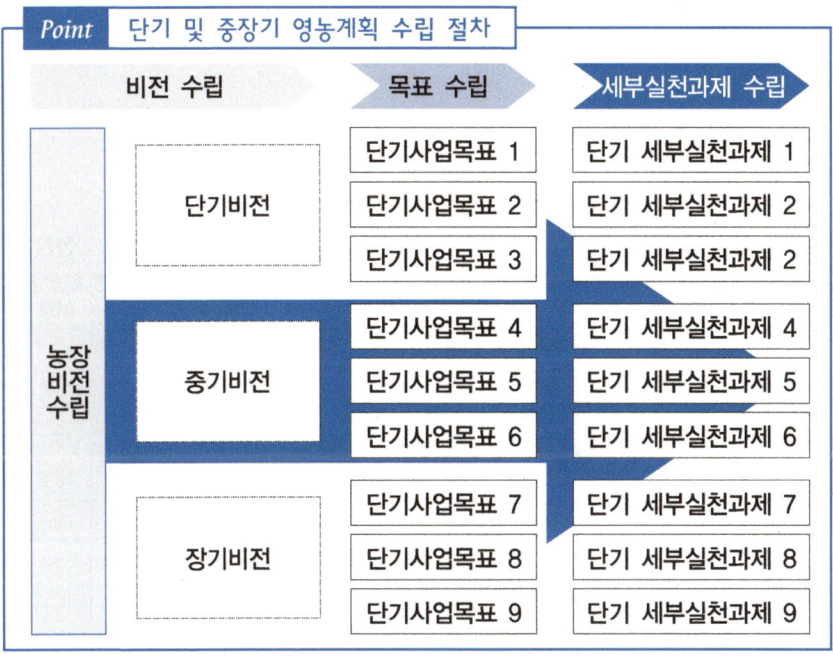

이때 주의해야 할 것은 바로 앞에 기술했던 '제2절 사업계획의 작성' 내용과 일관되게 작성해야 한다는 것이다.

4. 사업계획 [작성예시]
⑤ 단기 및 중·장기 영농계획

- ○○사과 농장비전
  2030 충청북도 선도 사과농가 자리매김, 농업소득 1억원 달성
- 단기·중기·장기 영농계획

농장 비전	단계별 비전	사업 목표	세부 실천과제	단기 1년차	단기 2년차	중기 3년차	중기 4년차	중기 5년차	장기 6년차 이후
2030 충청북도 선도 사과농가 자리매김 · 농업소득 1억원 달성	(단기) 초기 귀농 기반 구축	과원의 안정적 조성, 기술 습득	• 기존 과원 갱신 및 신규 과원 조성	■					
			• 지정 멘토 기술이전	■	■				
			• 온·오프 재배기술, 농업경영 교육	■	■				
			• 생산자단체 등 커뮤니티 참여	■	■				
		마케팅 기반 구축	• 블로그, 유튜브 라이브 채널 구축	■	■				
			• 쿠팡 등 오픈마켓 입점		■				
			• 로컬푸드 및 마트 입점		■	■			
			• 귀농 전 거주 도시 직거래 계통 구축	■	■				
	(중기) 영농 안정화 및 사업 확장	생산량 30% 증대	• 초밀식 갱신으로 생산 증산			■	■		
			• 기술력 강화로 특품화율 증대			■	■		
		수익 극대화	• 직거래 비중 확대 영업			■	■	■	
			• 농기센터 활용 사과가공			■	■		
		생산자 단체 활동 강화	• 공동 구매, 판매경로 구축			■	■		
			• 공동브랜드 런칭				■	■	
	(장기) 사업 성숙화, 농업발전 기여	6차 산업화	• 체험학습 프로그램 도입				■	■	■
		귀농 선배 활동	• 귀농사례 홍보(저술, 유튜브)					■	■
			• 귀농 후배 기술·경영 멘토링					■	■

* 분량이 많은 경우 별지로 작성

혼자서 작성하기

3 융자금 상환계획 수립

각종 연구논문, 보고서는 물론 소설과 수필 등 모든 글은 논리적으로 자연스러운 흐름이 있어야 하며 내용의 일관성이 필요하다. 특히 자신의 명운이 달려있고 외부의 전문가들에게 평가를 받아야 하는 귀농 농업창업계획서는 더욱 그렇다 할 수 있다. 이 절에서는 이제 '제2절 사업계획의 작성'에서의 많은 조사와 고민을 통해 수립된 사업계획을 합리적인 숫자(화폐가치)로 표현할 수 있도록 해야 한다.

이 절에서는 2020년부터 추가된 융자금 상환계획 수립을 함께 알아보기로 한다. 귀농 창업자금은 국고보조금처럼 지원하는 것이 아니라 결국은 금융기관의 대출로 이자와 원금상환이 충분히 되는 사업계획임을 설득해야 한다. 그럼 원금상환의 재원은 무엇인가? 기업에서는 영업활동에서 벌어들인 영업이익, 농업에서는 영농활동을 통해 벌어들인 농업이익으로 이자도 지급하고 생활도 하면서 상환기간 내에 원금도 상환해야 한다. 이렇듯 융자금 상환계획을 수립하기 위해서는 농업손익을 먼저 추정해야 한다.

1 농업손익 계획

앞의 제4장에서 우리는 이 책의 일관된 사례인 사과농장의 매출액을 추정하였다. 농업손익은 매출액에서 경영비를 차감한 개념이다. 경영비는 매출액을 달성하기 위해서 지출한 생산비와 판매비의 합계로 산출한 경영비를 매출액에서 차감한 것이 바로 농업손익인 것이다.

그렇다면 경영비는 어떻게 추정할까? 방법은 매출액 추정과 비슷하다. 제4장에서 매출액을 추정하기 위해 검색했던것과 같이 농촌진흥청 농사로 농업기술포털 홈페이지[36] → 농업백과 → 농업경영 → 농산물소득정보 → 2014년 이후 소득정보 → 과수 → 충청북도 → 사과를 차례대로 클릭한 후 소득자료 팝업창이 뜨면 일단 상단 중앙 부분에 저장하기를 클릭하고 파일형식은 엑셀을 클릭하여 자료를 준비한다. 엑셀로 내려받으면 자료에 있는 각 경영비를 매출액 대비 비율[37]로 계산하기 쉽기 때문이다. 그럼 귀농 작목의 손익추정을 위한 경영비 비율을 추정해 보자.

---

[36] https://www.nongsaro.go.kr
[37] 경영비비율(%) = (경영비 ÷ 매출액) × 100

사과

범위 : 전체 농가대상
(기준 : 1년/10a)

2019년 충청북도 전체

	비목별		수량	단가(원)	금액(원)	비고	매출액대 경영비 비율
총수입	주산물가액		2,285kg	2,140	4,890,433	상품화율 : 98.7%	98.4%
	부산물가액				78,621		1.6%
	계				4,968,694		100.0%
생산비	경영비	중간재비	보통(무기질)비료비		45,286	N : 3.2kg, P : 1.9kg, K : 1.5kg	0.9%
			부산물(유기질)비료비		72,558	요소 4.6kg	1.5%
			농약비		389,580	유안 kg	7.8%
			수도광열비		89,399	용성인비 5.0kg 염화칼리 0.5kg	1.8%
			기타재료비		329,395	황산칼리 6.0kg 붕소 0.0kg	6.6%
			소농구비		6,057	농용석회 kg	0.1%
			대농구상각비		173,953	규산질 kg 복합비료 26.0kg	3.5%
			영농시설상각비		246,019	전기 110.0kw	5.0%
			수리·유지비		91,991	유류 54.7ℓ 가스 ℓ	1.9%
			과수원조성비		155,690	비닐(반사필름) 158.1kg 봉지(핀) 133.3kg	3.1%
			기타비용		38,568	지주대 kg	0.8%
			계		1,638,496	끈 1.1개	33.0%
		농기계·시설임차료			4,133	저장상자 25.7개 포장상자 120.3개	0.1%
		토지임차료			47,754	저장.포장상자 20.0개	1.0%
		위탁영농비				포장재(난좌,네트,짚) 1,026.7개	0.0%
		고용노동비		58.6시	664,464		13.4%
		남		9.9시	14,333		
		여		48.7시	11,042		
		계			2,354,847		47.4%
	자가노동비		87.6시		1,616,684		
		남		56.9시	18,453		
		여		30.7시	18,453		
	유동자본용역비				48,372		
	고정자본용역비				133,185		
	토지자본용역비				262,418		
	계				4,415,505		
부가가치					3,330,199		
소득					2,613,847		
부가가치율(%)					67.0		
소득률(%)					52.6		

주) 자가노동비는 5인~29인 규모 제조업 평균임금(단가 : 18,453/1시간)을 적용해서 산출한 자가노동비 및 생산비임

농산물소득정보를 활용한 작목별 매출액 대비경영비 비율을 제4장에서 미리 추정해 놓은 귀농 농장의 매출액과 곱하여 경영비를 산출한 다음 연차별 농업손익을 산출한다. 경영비는 매년 물가성장률만큼 상승한다는 가정을 포함하며, 감가상각비는 회계 상의 비용이지 현금유출은 아니므로 상환재원 계산시에는 농업이익에 가산하도록 한다.

(단위 : 천원)

구분	+1차년	+2차년	+3차년	+4차년	+5차년
추정매출액	-	-	24,626	28,269	32,164
경영비	-	-	11,904	13,666	15,549
보통(무기질)비료비	-	-	229	263	299
부산물(무기질)비료비	-	-	367	421	479
농약비	-	-	1,969	2,261	2,572
수도광열비	-	-	452	519	590
기타재료비	-	-	1,665	1,912	2,175
소농구비	-	-	31	35	40
대농구상각비	-	-	879	1,009	1,149
영농시설상각비	-	-	1,244	1,428	1,624
수리유지비	-	-	465	534	607
과수원조성비	-	-	787	904	1,028
기타비용	-	-	195	224	255
농기계·시설임차료	-	-	21	24	27
토지임차료	-	-	241	277	315
위탁영농비	-	-	-	-	-
고용노동비	-	-	3,359	3,856	4,387
농업이익	-	-	12,721	14,603	16,615
상각비	-	-	2,123	2,437	2,773
상환재원(농업이익+상각비)	-	-	14,844	17,041	19,388

(단위 : 천원)

구분	+6차년	+7차년	+8차년	+9차년	+10차년
추정매출액	36,310	40,708	45,356	50,256	52,287
경영비	17,553	19,679	21,926	24,295	25,276
보통(무기질)비료비	338	378	422	467	486
부산물(무기질)비료비	541	606	676	749	779
농약비	2,904	3,256	3,627	4,019	4,182
수도광열비	666	747	832	922	960
기타재료비	2,455	2,753	3,067	3,398	3,536
소농구비	45	51	56	62	65
대농구상각비	1,297	1,454	1,620	1,795	1,867
영농시설상각비	1,834	2,056	2,291	2,538	2,641
수리유지비	686	769	857	949	987
과수원조성비	1,161	1,301	450	1,606	1,671
기타비용	287	322	359	398	414
농기계·시설임차료	31	35	38	43	44
토지임차료	356	399	445	493	513
위탁영농비	–	–	–	–	–
고용노동비	4,953	5,553	6,187	6,855	7,132
농업이익	18,757	21,029	23,430	25,962	27,011
상각비	3,130	3,510	3,910	4,333	4,508
상환재원(농업이익+상각비)	21,888	24,539	27,341	30,294	31,518

(단위 : 천원)

구분	+11차년	+12차년	+13차년	+14차년	+15차년
추정매출액	54,357	56,468	58,619	60,810	63,042
경영비	26,277	27,298	28,337	29,397	30,475
보통(무기질)비료비	505	525	545	565	586
부산물(무기질)비료비	810	841	873	906	939
농약비	4,347	4,516	4,688	4,863	5,042
수도광열비	998	1,036	1,076	1,116	1,157
기타재료비	3,676	3,818	3,964	4,112	4,263
소농구비	68	70	73	76	78
대농구상각비	1,941	2,016	2,093	2,172	2,251
영농시설상각비	2,745	2,852	2,960	3,071	3,184
수리유지비	1,027	1,066	1,107	1,148	1,191
과수원조성비	1,737	1,805	1,874	1,944	2,015
기타비용	430	447	464	481	499
농기계·시설임차료	46	48	50	52	53
토지임차료	533	554	575	596	618
위탁영농비	–	–	–	–	–
고용노동비	7,415	7,703	7,996	8,295	8,599
농업이익	28,080	29,171	30,282	31,414	32,566
상각비	4,686	4,868	5,054	5,243	5,435
상환재원(농업이익+상각비)	32,766	34,039	35,335	36,656	38,001

2 융자금 상환계획

상환 재원을 선출하였다면 이제부터는 이 상환 재원으로 융자금을 충분히 상환할 수 있는지를 검토할 차례이다. 귀농 농업창업자금의 상환기간은 총 15년이다. 첫 5년간은 거치기간으로 이자만을 납입하면되고 이후 10년간은 이자와 함께 원금은 매년 균등하게 상환하는 원금균등분할상환방식38)을 채택하고 있다.

자금의 한도는 세대당 3억원(주택 구입·신축 및 증·개축 자금 : 세대당 7,500만원 한도 이내)이며, 선정평가위원회에서 선정되었다고 대출이 100% 실행되는 것이 아니라 대출한도 이내에서 자금신청인의 사업실적과 금융기관의 대상자에 대한 신용도 및 담보 평가 등 대출 심사 결과에 따라 결정된다.

금리는 고정금리 연 2% 또는 변동금리 중에서 선택할 수 있으며 변동금리는 대출시점에 금융기관에서 고시하는 대출금리를 적용하며, 매 6개월마다 변동된다. 또한, 변경금리는 선택 후 변경이 불가하니 선택에 주의해야 한다. 재무관리에서는 가장 위험한 것을 변동성으로 정의하고 변동성을 회피하는 의사결정을 하기 위한 연구를 통해 금융공학이 발전되어 왔다고 해도 과언이 아닐 것이다. 귀농 농업창업자금은 15년짜리 장기융자금융상품으로 변동금리를 선택하여 고정금리 2%보다 낮은 이자만을 부담할 시기가 있을 수 있으나 2%보다 높은 이자를 부담해야 하는 시기도 있을 수 있고 그것은 그 누구도 예측할 수 없는 위험일 것이다. 이에 따라 예측할 수 있어 준비나 계획이 가능한 고정금리를 선택하는 것이 귀농인의 입장에서는 더 안정적이다라고 말할 수 있다. 다만, 개인의 성향 및 결정에 따라 변동금리를 선택할 수 있다.

이 책의 사례에 대한 융자상환계획표를 작성해 보면 다음과 같다. 사례에서는 부족한 자금을 조달하기 위해 고정금리 2%를 선택하여 117,637천원 융자를 실행하였다. 상환계획인 15년간 총 이자 23,625천원, 원리금

---

38) 원금 균등분할 상환방식은 대출금을 약정기간으로 균등하게 나눠 매년 원금을 갚는 것으로 이자는 매년 상환으로 줄어든 대출잔액(원금)에 대해서만 지급한다.

총 141,263천원 상환계획을 수립할 수 있다. 매월 기준으로는 월간 196천원 이자납입이 필요하며 6년차부터는 원금상환이 병행되어 이자납입은 감소하며, 6년차부터는 매월 980천원의 원금상환이 필요하다. 융자상환계획을 통해 귀농인의 사업규모에 적합하고 부담 가능한 융자규모를 계획해 보는 것이 필요하다. 이 계획에서는 2년간은 생활여유자금이 마이너스이지만 3차년부터 플러스로 전환되고 이후 원금상환 기간에도 지속적으로 플러스를 유지하는 것으로 나타났다. 이와같이 상환계획 수립시 생활비 등의 여유자금도 고려해야 할 것이다.

5. 융자금 상환계획 [작성예시]

(단위 : 천원)

연차별	현금유입	이자납입	원금상환	상환총액	융자잔액	생활여유자금
+1차년	–	2,353	–	2,353	117,638	-2,353
+2차년	–	2,353	–	2,353	117,638	-2,353
+3차년	14,844	2,353	–	2,353	117,638	12,492
+4차년	17,041	2,353	–	2,353	117,638	14,688
+5차년	19,388	2,353	–	2,353	117,638	17,036
+6차년	21,888	2,245	11,764	14,009	105,874	7,879
+7차년	24,539	2,010	11,764	13,773	94,110	10,765
+8차년	27,341	1,774	11,764	13,538	82,346	13,803
+9차년	30,294	1,539	11,764	13,303	70,583	16,992
+10차년	31,518	1,304	11,764	13,068	58,819	18,451
+11차년	32,766	1,069	11,764	12,832	47,055	19,934
+12차년	34,039	833	11,764	12,597	35,291	21,442
+13차년	35,335	598	11,764	12,362	23,528	22,974
+14차년	36,656	363	11,764	12,126	11,764	24,530
+15차년	38,001	127	11,764	11,891	0	26,110
합계	363,652	23,625	117,638	141,263	–	222,389

4. 지역 활동 참여계획

 귀농 농업창업계획서는 마지막으로 향후 5개년간 지역 내 마을회의, 행사, 사회단체 등 활동 계획을 실현 가능성과 현실성있게 작성하도록 요구하고 있다. 그 이유는 귀농 후 정착시 애로사항으로 조기 정착 과정의 생계 유지(20.3%)와 영농자금 확보의 어려움(17.5%)과 함께 '지역주민과의 관계 형성' 애로도 7.7%로 적지 않게 나타나고 있다[39]. 안정적인 귀농 정착을 위해서 귀농인의 적극적인 지역 활동 참여를 요구하고 있다.

---

39) 통계청, 귀농과정에서의 어려움(귀농인, https://kosis.kr, 2017∼2019)

1 농촌지역 활동 소개

농촌지역에서는 다양한 지역 주체들이 결성되고 활동하고 있다.

이 책에서는 지역 공통적으로 진행되고 있는 농촌지역 활동을 소개하나 독자가 계획하고 있는 귀농 후보지 지역농업기술센터에 귀농 담당자와 상담하거나 방문하여 정보를 취득하여 귀농지역에 적합한 농촌지역 활동 계획을 수립해야 한다.

첫째, 강소농(强小農) 모임은 경영규모는 작으나 끊임없는 역량 개발과 차별화된 경쟁력을 통해 자율적인 경영혁신을 지속적으로 실현하는 중소규모, 가족농 중심의 자립형 농업경영체로 농촌진흥기관에서 선정 육성하는 지원사업이다(지역농업기술센터 문의). 지역과 상황에 따라서는 귀농 초기에도 참여하는 예도 있으니 참여 가능 여부를 확인하고 선배와의 교류와 지역사회에 기여할 수 있는 방안도 마련할 수 있다. 둘째, 자율모임체는 강소농 선정 후 기본·심화 과정 교육 이후 후속 교육과정에서 작목별, 관심사별(정보화, 마케팅 등)로 농가 자율적인 모임체를 구성하고 활동하고 있다(지역농업기술센터 문의). 셋째, 작목 농업인 연구회는 동일 작목을 취급하는 농업인들이 경제적 이익 실현을 위해 자율적으로 조직, 농촌지도기관에 등록한 모임으로 귀농 초기에는 가입하기가 쉽지 않으나 도시에서 쌓은 경력으로 모임에 기여할 수 있는 분야를 적극적으로 발굴하고 지역농업기술센터에도 문의하고 상담받기를 바란다. 넷째, 4-H회는 머리(Head), 마음(Heart), 손(Hands), 건강(Health)을 의미하는 것으로 청소년들에게 「4-H회」를 통한 단체활동으로 지·덕·노·체의 「4-H 이념」을 생활화함으로써 훌륭한 민주시민으로 키우는 동시에 지역사회와 국가발전에 이바지하게 하려는 일종의 사회교육 운동이다

(9~34세, 클로버넷, http://www.korea4-h.or.kr). 다섯째, 농촌지도자회는 우애, 봉사, 창조의 3지표를 지향하고 과학영농으로 농가소득증대, 농업인 권리보호 등을 추진하는 농업인단체로 지역농업기술센터에 문의하면 된다. 여섯째, 생활개선회의는 농촌생활의 과학화·합리화로 생활의 질 향상을 위해 생활환경개선, 합리적인 가정관리, 농촌여성소득원개발, 전통생활문화의 실천에 자발적으로 참여하여 밝은 농촌을 지켜나가는 농촌여성단체 등이 있으며, 이외에도 지역농업기술센터와 후보지역의 이장 및 마을주민 등과 적극적인 협의를 통해 귀농 농업 창업계획수립 준비를 해 나가야겠다.

2 지역활동 계획 수립

지역활동 계획 수립을 위해서는 마을의 행사내용과 참여 가능한 지역사회의 네트워크를 조사하는 것이 급선무일 것이다. 첫째로, 이장(里長)또는 마을의 원로(어른, 농업인 선배) 등을 인터뷰하여 마을에서 열리는 (부)정기적 마을회의는 있는지, 있다면 언제 어떤 내용을 가지고 회의를 하는지 조사하여 준비하고, 마을의 행사는 명절, 경로우대잔치 등 마을 중심의 행사와 마을·리·면·군 단위 체육행사 등의 일정(기간)·행사명·참여 현황(계획)·사진자료 등을 조사하고 향후 5개년 간의 참여계획을 육하원칙하에 기술하도록 한다. 이와 함께 지역활동 참여에 대한 증빙자료를 첨부하여 계획의 신뢰도를 높이도록 하자.

> **Point** 단기 및 중장기 영농계획 수립 절차
>
> 지역 내 마을회의 / 행사 / 사회단체
>
> 기타 지역활동
>
> ⬇
>
> 지역활동참여(사진 및 회원명부·회원증 등 활동참여 증빙자료)

6. 지역 활동 참여계획 [작성예시]

■ 지역활동 계획

○○군 농업기술센터 귀농지원 담당 농업지도사를 통해 귀농인 체험학습, 귀농멘토링제도를 통한 귀농선배 네트워킹, 강소농지원사업을 참여하여 지역활동 네트워크를 강화해 나갈 계획임

귀농 전 거주 도시의 시민, 아파트 네트워킹을 구축하여 충청북도 ○○군 ○○면의 마을기업의 도농협력에 성과를 내어, 귀농지 마을의 지역 활동에 기여할 계획임

■ 지역활동참여 계획

구분	+1차년도	+2차년도	+3차년도	+4차년도	+5차년도
마을 활동	• 마을 활동의 조사 및 참여	• 도농 상생 협력체계 마련	• 도시 자매결연 및 농산물 직거래장터 연계	• 체험마을 조성을 위한 지원사업 참여	• 마을기업 및 협동조합의 리더역할
농업인 네트워크 활동	• 참여 가능 농업인 네트워크 조사 및 참여	• 강소농, 자율모임체 등 교육모임 참여	• 작목회 등 생산자단체 활동 기술역량 강화	• 농업협동조합 조합원 참여	• 영농조합법인 또는 농업회사법인 결성 주도

제5장에서 이해하고 실습해 본 귀농 농업창업계획서를 통합하여 다음과 같이 제시한다. 다시 한번 말하지만 눈으로만 보지 말고 꼭 손과 같이 이 책을 보기 바란다.

(별지 제2호 서식)

귀농 농업창업계획서

1. 현 황

성명	홍길동(洪吉童)	생년월일	1971.00.00
주소	서울시 OO구 OO로 123	전화번호	02-1234-5678 (010-1234-5678) (배우자, 010-2345-6789)
주 영농분야(작목)	(기존 영농기반 보유 시) 경종(과수원) (귀농 준비 시) 해당 없음		

2. 영농기반

① 영농규모(㎡)

구분	계								
소유	-								
임차	-								
계	-								

② 시설현황(동/㎡)

구분	계								
소유	-								
임차	-								
계	-								

③ 농기자재(대/연식)

해당없음									

④ 재배현황(㎡)

해당없음									

⑤ 가축사육(두, 수)

해당없음									

⑥ 기타 특기사항

- (귀농 전 경력) 기업에서 25년간 영업 부문에서 일한 경력을 활용하여 로컬푸드 매장과 대형마트는 물론 식자재 유통 등 다양한 거래처 확보로 농가 소득을 극대화할 것임
- (차별화 전략) 사과 과원은 9,917.4㎡의 면적에 4년생 묘목을 구입하여 1,322주를 식재하고 폭염에 대비하기 위한 햇빛 차단망과 자동살수장치를 설치하여 최상품 사과를 수확하고 지역 사과 재배 농업경영체와의 연계협력을 통하여(작목회 등 가입) 공동 구매 등에 따른 원가절감으로 수익 극대화는 물론 기술역량을 강화하고 지역의 발전에도 기여할 계획임. 수확물 중 상품은 도시민 대상 온라인 직거래 및 로컬푸드 등 유통매장에 납품하고 중품 이하는 식자재 유통을 계획하고 있음. 또한, 체험학습을 통한 6차산업화로 사업을 확장해 나갈 계획임
- (기대효과) 귀농 성공사례로 자리매김하여 지역경제 활성화는 물론 귀농 후배에게도 귀농 선배로서 귀농 성공을 하는 데에도 도움을 줄 수 있도록 할 것임

3. 기 정책자금 대출현황

자금명	사용내역	대출현황				기타
		대출총액	대출금리	상환기간	대출잔액	
해당없음						

4. 사업계획

① 사업비 투자계획

세부 사업명	규격 (단위)	단가(원)	사업량 (㎡, 대)	사업비(백만원)					
				계	정부지원(재원기재)			지방비	자담
					계	국고	융자		
계				167.7	117.7	-	117.7	-	50
농지구입	㎡	10,000	9,917	99.2	69.2	-	69.2	-	30
리프트카	대	23,000,000	1	23.0	13.0	-	13.0	-	10
운반차	대	5,000,000	1	5.0	5.0	-	5.0	-	-
SS기	대	20,000,000	1	20.0	10.0	-	10.0	-	10
묘목구입	주	12,000	1,332	15.9	15.9	-	15.9	-	-
저온저장고	식	4,600,000	1	4.6	4.6	-	4.6	-	-

② 세부사업 추진계획

- 농지구입
  충청북도 OO군 OO면 OO로 123 거주 성춘향 소유의 충청북도 OO군 OO면 OO로 과 9,917.4m²을 2021년 7월 30일 이내 확정 계약을 체결하고 OOO공인중개사 사무소의 매매계약에 의하여 사과농장 창업을 위해 귀농인 농업창업자금 대출을 받아 2021년 8월 30일까지 귀농인 본인 홍길동의 소유로 등기를 완료할 예정임.(부동산매매계약서 등 첨부)
- 과원 조성
  기존 과원의 노목의 굴취와 평탄작업 이후에 굴삭기 등을 이용하여 암거배수시설인 유공관을 묻고 토양개량을 위한 퇴비 등을 살포하고 정지 작업을 하고, 그 이후 토양 안정화를 위한 목초종자를 파종하고 수확 후 또는 이듬해에 관수시설 설치함
  묘목은 후지/M9 1,000주, 꽃사과/M9 332주를 구매하여 재식거리 4m×1.5m로 밀식과원을 귀농 첫해에 조성을 완료할 계획임(작업계약서)
- 농업전기 인입
  농업용 3상 10kw 전기의 인입이 필요한 것으로 조사되었고, 이의 준비를 위해 인근 OO면에서 최근 개발 신규개원한 사과농장의 사례를 참고 함('20년, OO면 OO사과농장, 사진자료 첨부).
- 농기계 구입
  SS기용제초기, 형식 HALF MOWER-1200SS, 규격(110), 1대, 재용공업
  농업용동력운반차, 형식 APC-1000M, 1테크(1000), 아세아텍
  농업용리프트, 형식 DW-2006L, 규격(150), 1대, 동원테크
  사진자료 첨부
- 저온저장 창고 설비
  생산 사과의 신선 보관을 위한 저온 냉장창고를 33.06m² 규모로 설치할 계획임 (견적서 첨부)
- 마케팅 추진
  온라인(블로그, 오픈마켓 입점 등) 쇼핑 및 도시민 대상 직거래 준비
  로컬푸드, 유통매장 청과물 코너 납품계획 준비
  식자재 유통 계획 준비
  중장기적으로 체험학습을 통한 6차산업화 준비 계획임
  블로그 제작, 오픈마켓 입점 준비 등을 알 수 있는 증빙 첨부

③ 자금조달 계획

(단위 : 천원)

조달		조달방식을 상세하게 작성
항목	금액	
합계	167,638	• 총 필요자금 167,638천원 중 귀농인이 도시생활을 통해 준비한 50,000천원 (29.8%)을 귀농창업에 투자하고,
자체자금	50,000	
신규출자	-	
외부차입	117,638	• 부족자금 117,638원은 귀농 창업자금

| 기타 | - | 으로 조달할 계획임 |

④ 향후 사업(신청사업 분야)계획

(단위 : 평, 마리, 만원)

작목명	현재				사업비 투자(준공) 후			
	재배면적	사육두수	연간판매수입	경영비	재배면적	사육두수	연간판매수입	경영비
사과					9,917.4m² (3,000평)	-	2,463	1,190
•								

⑤ 단기 및 중·장기 영농계획

■ OO사과 농장비전
· 2030 충청북도 선도 사과농가 자리매김, 농업소득 1억원 달성
■ 단기·중기·장기 영농계획

농장비전	단계별 비전	사업목표	세부 실천과제	단기		중기			장기
				1년차	2년차	3년차	4년차	5년차	6년차 이후
2030 충청북도 선도 사과농가 자리매김 · 농업소득 1억원 달성	(단기) 초기 귀농 기반 구축	과원의 안정적 조성, 기술습득	· 기존 과원 갱신 및 신규 과원 조성						
			· 지정 멘토 기술이전						
			· 온·오프 재배기술, 농업경영 교육						
			· 생산자단체 등 커뮤니티 참여						
		마케팅 기반 구축	· 블로그, 유튜브 라이브 채널 구축						
			· 쿠팡 등 오픈마켓 입점						
			· 로컬푸드 및 마트 입점						
			· 귀농 전 거주 도시 직거래 계통 구축						
	(중기) 영농 안정화 및 사업 확장	생산량 30% 증대	· 초밀식 갱신으로 생산 증산						
			· 기술력 강화로 특품화율 증대						
		수익 극대화	· 직거래 비중 확대 영업						
			· 농기센터 활용 사과가공						
		생산자 단체활동 강화	· 공동 구매, 판매경로 구축						
			· 공동브랜드 런칭						
	(장기) 사업 성숙화, 농업발전 기여	6차산업화	· 체험학습 프로그램 도입						
		귀농선배 활동	· 귀농사례 홍보(저술, 유튜브)						
			· 귀농 후배 기술·경영 멘토링						

5. 융자금 상환계획

(단위 : 천원)

연차별	현금유입	이자납입	원금상환	상환총액	융자잔액	생활여유자금
+1차년	-	2,353	-	2,353	117,638	
+2차년	-	2,353	-	2,353	117,638	
+3차년	14,844	2,353	-	2,353	117,638	12,492
+4차년	17,041	2,353	-	2,353	117,638	14,688
+5차년	19,388	2,353	-	2,353	117,638	17,036
+6차년	21,888	2,245	11,764	14,009	105,874	7,879
+7차년	24,539	2,010	11,764	13,773	94,110	10,765
+8차년	27,341	1,774	11,764	13,538	82,346	13,803
+9차년	30,294	1,539	11,764	13,303	70,583	16,992
+10차년	31,518	1,304	11,764	13,068	58,819	18,451
+11차년	32,766	1,069	11,764	12,832	47,055	19,934
+12차년	34,039	833	11,764	12,597	35,291	21,442
+13차년	35,335	598	11,764	12,362	23,528	22,974
+14차년	36,656	363	11,764	12,126	11,764	24,530
+15차년	38,001	127	11,764	11,891	0	26,110
합계	363,652	23,625	117,638	141,263	-	222,389

6. 지역 활동 참여계획

- **지역활동 계획**
  - ○○군 농업기술센터 귀농지원 담당 농업지도사를 통해 귀농인 체험학습, 귀농멘토링 제도를 통한 귀농선배 네트워킹, 강소농지원사업을 참여하여 지역활동 네트워크를 강화해 나갈 계획임
  - 귀농 전 거주 도시의 시민, 아파트 네트워킹을 구축하여 충청북도 ○○군 ○○면의 마을기업의 도농협력을 성과를 내어, 귀농지 마을의 지역 활동에 기여할 계획임
- **지역활동참여 계획**

구분	+1차년도	+2차년도	+3차년도	+4차년도	+5차년도
마을 활동	마을 활동의 조사 및 참여	도농 상생협력체계 마련	도시 자매결연 및 농산물 직거래장터 연계	체험마을 조성을 위한 지원사업 참여	마을기업 및 협동조합의 리더 역할
농업인 네트워크 활동	참여 가능 농업인 네트워크 조사 및 참여	강소농, 자율모임체 등 교육모임 참여	작목회 등 생산자단체 활동 기술역량 강화	농업협동조합 조합원 참여	영농조합법인 또는 농업회사법인 결성 주도

이로써 2021년 판 '3억 귀농 농업창업계획서 혼자서 작성하기' 책을 마무리하고자 한다. 저자가 농업 분야 강의와 컨설팅을 하면서 귀농 농업창업계획을 좀 더 심층적으로 다루고 싶었고 이론보다는 실무적인 내용으로 현실감있게 제공하고자 노력했지만, 많이 부족한 점을 느낀다.

책을 읽으면서 부족하다고 느낀 점은 언제든지 소통하고자 한다. 가감없는 평가와 보완해야 할 점 등 따끔한 비판으로 저자와 독자가 함께 성장할 수 있으면 하는 바람이다.

특히, 저자가 실무 도서를 읽을 때 사례가 장을 달리할 때마다 달라서 어렵고 혼선이 있었던 점에 착안하여 이 책에서는 이를 해결하기 위해 사과 농장 한 사례로 각 부분에 대해 실습을 하여 다른 작목을 준비하는 경우 아쉬웠을 수 있겠다 싶다. 다만, 어떤 작목이나 축종도 이 책의 내용을 이해했다면 충분히 적용할 수 있을 것이라고 믿고 미진한 부분은 Q&A를 통해 지속적으로 의사소통 하기로 하자.

모쪼록 이 책이 귀농의 탐색, 준비, 정착하는 과정에 조금이라도 도움이 되었으면 하는 바람이다. 다시 농업 현장에서 만나기를 기원한다.

부록

1 연습문제 풀이

1 귀농 주요 조건

- 귀농 후보지 : 전남
- 선정 작목 : 시설 오이(촉성)
- 귀농 계획면적 : 4,500평
- 기술력 : 80%

2 문제

- 귀농 첫해 추정 생산량
- 귀농 첫해 추정 단위당 가격
- 귀농 첫해 추정매출액

3 풀이 순서

❶ 면적환산지수 산출
- 평 기준 귀농계획면적(4,500평) ÷ 10a 당 환산(302.5) = 14.87603
- ㎡ 기준 귀농계획면적(14,876㎡) ÷ 10a 당 환산(1,000) = 14.87603
- ㎡ 기준 평 환산, 4,500(평) × 3.305785 = 14,876㎡

❷ 농산물소득자료 검색
- '경종'의 경우 농사로 농업기술포털 → 농사백과 → 농업경영 → 농산물소득정보 → 2014년 이후 소득정보 → 시설채소 → 전라남도 → 시설오이(촉성)

❸ 자기조정, 80%

❹ 귀농 첫해 추정 판매단가(원)
- 조사 단가(1,850/kg) × 80% = 1,480/kg

❺ 귀농 첫해 추정 생산량
- 조사 수량(17,559kg) × 80% × 14.87603 = 208,967kg

❻ 귀농 첫해 추정매출액
- 추정 판매단가(1,480원) × 추정 생산량 208,967kg = 309,270천원

2. 전국 주요 농촌진흥기관
(2020년 기준)

구분(도/시·군)		소속	유선전화	주소
경기도	경기도원	농업교육팀	031-229-5857	(18388) 경기도 화성시 병점중앙로 283-33
	용인시	자원육성과	031-324-4048	(17167) 경기도 용인시 처인구 원삼면 농촌파크로 80
	평택시	지도기획팀	031-8024-4520	(17819) 경기도 평택시 오성면 청오로 33-58
	화성시	해양수산과	031-5189-2849	(18583) 경기도 화성시 장안면 풍무길80번길 53-20
	광주시	도시농업팀	031-760-4762	(12765) 경기도 광주시 이배재로 209-5
	김포시	농정과 농정팀	031-980-2817	(10025) 경기도 김포시 월곶면 오리정로 13
	이천시	인력육성팀	031-644-4122	(17379) 경기도 이천시 부악로 38-52
	안성시	농육성팀	031-678-3053	(17509) 경기도 안성시 보개면 보개원삼로 219
	여주시	교육농기계팀	031-887-3712	(12653) 경기도 여주시 농산로 71
	양평균	농업교육팀	031-770-3600	(12572) 경기도 양평군 강상면 강남로 1048
	남양주시	농업인육성팀	031-590-8574	(12140) 경기도 남양주시 진건읍 사릉로 234-46
	파주시	도시농업팀	031-940-4802	(10944) 파주시 통일로 600
	양주시	관광농업팀	031-8082-7224	(11421) 경기도 양주시 광적면 지섬로 162
	포천시	농업교육팀	031-538-3762	(11139) 경기도 포천시 신북면 틀못이길 11-88
	가평군	인력육성팀	031-580-2872	(12408) 경기도 가평군 가평읍 아랫마장길 59
	연천군	농업개발과	031-839-4243	(11013) 경기도 연천군 연천읍 차현로 139
강원도	강원도원	자원식품팀	033-248-6154	(24226) 강원도 춘천시 충열로 83
	춘천시	미래농업과	033-250-3546	(24203) 강원도 춘천시 신북읍 신북로 262
	원주시	농촌자원	033-737-4157	(26404) 강원도 원주시 흥업면 흥대길 7
	강릉시	농업인인력팀	033-640-5397	(25436) 강원도 강릉시 사천면 동해대로 3738-17
	동해시	농업정책팀	033-539-8292	(25741) 강원도 동해시 승지로 58-2
	태백시	농업기술센터	033-550-2322	(26007) 강원도 태백시 연지로 7
	속초시	지도팀	033-639-2589	(24855) 강원도 속초시 동해대로 4243
	삼척시	농정과	033-570-3862	(25933) 강원도 삼척시 근덕면 맹방해변로 49
	홍전군	농촌사회과	033-430-4164	(25126) 강원도 홍천군 홍천읍 홍천로 677

구분(도/시·군)		소속	유선전화	주소
	횡성군	농업기술센터	033-340-5581	(25208) 강원도 횡성군 공근면 영서로 150
	영월군	농업축산과	033-370-2821	(26231) 강원도 영월군 영월읍 덕포우회길 329
	평창군	농촌활력팀	033-330-1387	(25372) 강원도 평창군 평창읍 여만길 40
	정선군	사회지도팀	033-560-2856	(26103) 강원도 정선군 북평면 송석길 146-7
	철원군	미래농업과	033-450-4634	(24023) 강원도 철원군 동송읍 장흥로 311
	화천군	농업기술센터	033-440-2925	(24113) 강원도 화천군 화천읍 산천어길 206
	양구군	농업정책과	033-480-2528	(24554) 강원도 양구군 남면 양남로 319-31
	인제군	인력육성팀	033-460-2255	(24634) 강원도 인제군 인제읍 비봉로44번길 105
	고성군	농촌개발팀	033-680-3405	(24733) 강원도 고성군 간성읍 간북로 87
	양양군	농촌개발팀	033-670-2479	(25041) 강원도 양양군 손양면 동해대로 2558
충청북도	충북도청	원예기술팀	043-220-5751	(28130) 충청북도 청주시 청원구 오창읍 가곡길 46
	청주시	미래농업팀	043-201-3961	(28381) 충청북도 청주시 흥덕구 강서로 3
	충주시	귀농귀촌팀	043-850-3221	(27442) 충청북도 충주시 동량면 충원대로 1350
	제천시	귀농귀촌팀	043-641-3426	(27109) 충청북도 제천시 봉양읍 제천북로3길 20
	보은군	인력교육팀	043-540-5742	(28918) 충청북도 보은군 보은읍 남부로 4733
	옥천군	귀농귀촌팀장	043-730-3881	(29043) 충청북도 옥천군 옥천읍 옥천동이로 234
	영동군	귀농귀촌팀	043-740-5536	(29153) 충청북도 영동군 영동읍 학산영동로 1065
	증평군	인력육성팀	043-835-3682	(27908) 충청북도 증평군 증평읍 내룡길 69-50
	진천군	인재육성팀	043-539-7522	(27832) 충청북도 진천군 진천읍 상산로 13
	괴산군	귀농귀촌팀	043-830-2767	(28027) 충청북도 괴산군 괴산읍 임꺽정로 169
	음성군	인력육성팀	043-871-2312	(27688) 충청북도 음성군 음성읍 용광로 81-5
	단양군	귀농귀촌팀	043-420-3681	(27010) 충청북도 단양군 단양읍 중앙1로 20
충청남도	충남도청	귀농귀촌팀	041-635-6212	(32418) 충청남도 예산군 신암면 추사로 167
	천안시	도시농업팀	041-521-2922	(31233) 충청남도 천안시 동남구 목천읍 목천운터1길 15
	공주시	귀농귀촌팀	041-840-8891	(32552) 충청남도 공주시 봉황로 1
	보령시	귀농지원팀	041-930-7684	(33520) 충청남도 보령시 웅천읍 장터7길 30
	아산시	인력육성팀	041-537-3804	(31445) 충청남도 아산시 염치읍 염성길 70-30
	서산시	농업교육팀	041-660-3690	(32016) 충청남도 서산시 인지면 무학재1길 99
	논산시	귀농귀촌팀	041-746-8346	(32914) 충청남도 논산시 부적면 백일헌로 3
	당진시	도시농업팀	041-360-6411	(31763) 충청남도 당진시 구봉로 46
	부여군	귀농귀촌팀	041-830-2562	(33119) 충청남도 부여군 규암면 흥수로 488
	서천군	귀농귀촌지원팀	041-950-6631	(33654) 충청남도 서천군 마서면 장서로 689
	청양군	귀농귀촌팀	041-940-4740	(33305) 충청남도 청양군 청양읍 구봉로 1026-84
	홍성군	귀농귀촌팀	041-630-9128	(32249) 충청남도 홍성군 홍성읍 내포로 230
	예산군	귀농지원팀	041-339-8153	(32418) 충청남도 예산군 신암면 오신로 852
	태안군	귀농귀촌팀	041-670-5021	(32150) 충청남도 태안군 태안읍 송암로 523
	전북도청	인력육성실	063-290-6172	(56469) 전라북도 고창군 대산면 장자산로 768

구분(도/시·군)		소속	유선전화	주소
전라북도	군산시	귀농활력계	063-454-5233	(54065) 전라북도 군산시 개정면 운회길 32
	익산시	귀농귀촌계	063-859-4960	(54526) 전라북도 익산시 함열읍 익산대로 1366-20
	정읍시	귀농귀촌팀	063-539-6191	(56141) 전라북도 정읍시 정우면 정우남로 282
	남원시	농촌진흥과	063-620-8013	(55706) 전라북도 남원시 보절면 신흥2길 14
	김제시	귀농귀촌팀	063-540-4508	(54415) 전라북도 김제시 동서로 59
	완주군	인력육성팀	063-290-3277	(55310) 전라북도 완주군 고산면 고산천로 720-45
	진안군	인력육성팀	063-430-8621	(55442) 전라북도 진안군 진안읍 진무로 702-30
	무주군	귀농귀촌팀	063-320-2851	(55515) 전라북도 무주군 무주읍 한풍루로 416
	장수군	전문교육팀	063-350-2831	(55640) 전라북도 장수군 장수읍 와동길 55
	임실군	인력육성팀	063-640-2753	(55927) 전라북도 임실군 임실읍 수정로 30
	순창군	귀농귀촌계	063-650-5115	(56025) 전라북도 순창군 유등면 담순로 1548
	고창군	귀농귀촌팀	063-560-8816	(56440) 전라북도 고창군 고창읍 중거리당산로 94
	부안군	귀농귀촌팀	063-580-3830	(56333) 전라북도 부안군 하서면 하서길 28-6
전라남도	전남도청	전문교육팀	061-330-2723	(57613) 전라남도 구례군 용방면 용방로 320
	여수시	귀농귀촌팀	061-659-4452	(59633) 전라남도 여수시 주동1길 32
	순천시	귀농귀촌팀	061-749-8693	(57908) 전라남도 순천시 승주읍 승주로 628
	나주시	인력육성팀	061-339-7812	(58296) 전라남도 나주시 왕곡면 덕산길 17
	광양시	농정팀	061-797-2883	(57701) 전라남도 광양시 봉강면 조양길 46
	담양군	교육경영팀	061-380-3441	(57365) 전라남도 담양군 담양읍 면앙정로 730
	곡성군	인력육성팀	061-360-7262	(57538) 전라남도 곡성군 곡성읍 학정3길 9
	구례군	귀농귀촌팀	061-780-2084	(57660) 전라남도 구례군 구례읍 동산1길 32
	고흥군	인력육성팀	061-830-6821	(59549) 전라남도 고흥군 풍양면 풍남로 143
	보성군	농기계운영계	061-850-5718	(59460) 전라남도 보성군 보성읍 녹차로 1357
	화순군	미래농업팀	061-379-5442	(58141) 전라남도 화순군 능주면 학포로 2275
	장흥군	인력육성팀	061-860-6522	(59319) 전라남도 장흥군 장흥읍 원도1길 11
	강진군	귀농지원팀	061-430-3645	(59223) 전라남도 강진군 군동면 진흥로 85
	해남군	농업교육팀	061-531-3832	(59044) 전라남도 해남군 해남읍 땅끝대로 77-22
	영암군	귀농지원팀	061-470-6612	(58408) 전라남도 영암군 덕진면 금호길 11
	무안군	귀농귀촌팀	061-450-4050	(58521) 전라남도 무안군 무안읍 무안로 339
	함평군	인력육성팀	061-320-2474	(57158) 전라남도 함평군 학교면 학교화산길 90
	영광군	귀농귀촌팀	061-350-5576	(57031) 전라남도 영광군 군서면 백수로 1481
	장성군	귀농귀촌팀	061-390-8467	(57214) 전라남도 장성군 장성읍 단풍로 220
	완도군	인력육성팀	061-550-5971	(59112) 전라남도 완도군 완도읍 노두목길 64
	진도군	귀농지원팀	061-540-6131	(58904) 전라남도 진도군 군내면 가흥로 697
	신안군	경영교육팀	061-240-4121	(58824) 전라남도 신안군 압해읍 압해로 1042
	경북도원	인력육성팀	053-320-0259	(41404) 대구광역시 북구 칠곡중앙대로136길 47
	포항시	귀농귀촌팀	054-270-5462	(37593) 경상북도 포항시 북구 흥해읍 신흥로 572
	경주시	교육훈련팀	054-779-8724	(38093) 경상북도 경주시 용강상리길 70

구분(도/시·군)		소속	유선전화	주소
경상북도	김천시	기획귀농팀	054-421-2551	(39687) 경상북도 김천시 구성면 남김천대로 3296-22
	안동시	전문인력팀	054-840-5620	(36728) 경상북도 안동시 경동로 1484-10
	구미시	지도육성팀	054-480-4222	(39133) 경상북도 구미시 선산읍 김선로 963
	영주시	귀농귀촌팀	054-639-7321	(36049) 경상북도 영주시 안정면 안정로 30
	영천시	귀농귀촌팀	054-339-7646	(38823) 경상북도 영천시 천문로 622-13
	상주시	교육훈련팀	054-537-5310	(37154) 경상북도 상주시 발산로 71
	문경시	인력육성담당	054-550-8237	(36961) 경상북도 문경시 중앙로 280
	경산시	농정기획팀	053-810-6694	(38549) 경상북도 경산시 자인면 계정길 7
	군위군	교육인력팀	054-380-7022	(39026) 경상북도 군위군 효령면 효우로 97
	의성군	귀농귀촌계	054-830-6725	(37360) 경상북도 의성군 봉양면 경북대로 5225
	청송군	인력육성팀	054-870-6883	(37436) 경상북도 청송군 청송읍 주왕산로 177
	영양군	인력육성팀	054-680-5221	(36531) 경상북도 영양군 영양읍 영양창수로 339
	영덕군	지도육성팀	054-730-6862	(36427) 경상북도 영덕군 영덕읍 경동로 8113
	청도군	농업교육팀	054-370-6516	(38329) 경북 청도군 화양읍 청화 3길 10
	고령군	귀농귀촌계	054-950-7340	(40143) 경상북도 고령군 대가야읍 일량본길 137
	성주군	귀농경영팀	054-930-8041	(40056) 경상북도 성주군 대가면 참별로 2479
	칠곡군	교육경영팀	054-979-8293	(39819) 경상북도 칠곡군 약목면 동덕로 146
	예천군	교육경영팀	054-650-8131	(36819) 경상북도 예천군 예천읍 충효로 433
	봉화군	농업인육성팀	054-679-6836	(36225) 경상북도 봉화군 봉성면 농업인길 24
	울진군	농업교육팀	054-789-5222	(36339) 경상북도 울진군 매화면 매화매실길 76
	울릉군	농정팀	054-790-6265	(40232) 경상북도 울릉군 울릉읍 간령길 83-18
경상남도	경남도청	미래농업교육과	055-254-1913	(52733) 경상남도 진주시 대신로 570 (초전동)
	창원시	농업정책과	055-225-5422	(51394) 경상남도 창원시 의창구 창이대로 71
	진주시	인력육성팀	055-749-6139	(52789) 경상남도 진주시 동진로 155
	통영시	농촌개발팀	055-650-6623	(53021) 경상남도 통영시 광도면 향교옆길 31
	사천시	인력육성팀	055-831-3771	(52538) 경상남도 사천시 용현면 진삼로 902
	김해시	농업정책팀	055-330-4306	(50941) 경상남도 김해시 전하로198번길 102
	밀양시	농정과	055-359-7116	(50452) 경상남도 밀양시 상남면 상남로 1008-19
	거제시	농업지원과	055-639-6383	(53257) 경상남도 거제시 계룡로11길 21
	의령군	귀농귀촌팀	055-570-4221	(52139) 경상남도 의령군 의령읍 의병로9동길 30
	함안군	농업인육성팀	055-580-4413	(52034) 경상남도 함안군 가야읍 함안대로 755
	창녕군	귀농귀촌팀	055-530-6042	(50319) 경상남도 창녕군 대지면 우포2로 1085
	고성군	인력육성팀	055-670-4134	(24733) 강원도 고성군 간성읍 간성북로 87
	남해군	농축산과	055-860-3927	(52430) 경상남도 남해군 이동면 남해대로 2449
	하동군	귀농귀촌팀	055-880-2427	(52321) 경상남도 하동군 적량면 한옥정길 91
	산청군	전원농촌계	055-970-7851	(52221) 경상남도 산청군 산청읍 산엔청로 1
	함양군	구농귀촌계	055-960-8151	(50049) 경상남도 함양읍 함양읍 함양서로 996-76
	거창군	귀농귀촌계	055-940-8161	(50147) 경상남도 거창군 거창읍 거함대로 3322

구분(도/시·군)		소속	유선전화	주소
	합천군	귀농귀촌계	055-930-3941	(50237) 경상남도 합천군 합천읍 충효로 15
제 주 도	제주도원	인력교육팀	064-760-7521	(63556) 제주특별자치도 서귀포시 중산간서로 212
	제주시	농촌자원팀	064-713-7723	(63057) 제주특별자치도 제주시 애월읍 상귀길 173
	서귀포시	농촌자원팀	064-760-7822	(63613) 제주특별자치도 서귀포시 남원읍 중산간동로 7413
	동부	농촌자원팀	064-760-7622	(63348) 제주특별자치도 제주시 구좌읍 김녕남6길 8
	서부	농촌자원팀	064-760-7923	(63016) 제주특별자치도 제주시 한림읍 월림7길 90

3 2021년 귀농 농업창업 및 주택구입지원사업 지침

Ⅰ. 사업개요

1. 목적

    ○ 귀농인이 안정적으로 농업·농촌에 정착할 수 있도록 농업창업 및 주거공간 마련을 지원함으로써 신규 농업인력 육성을 통한 농업 인력구조 개선, 지역 활성화 추진

2. 근거 법령

    ○ 귀농어·귀촌 활성화 및 지원에 관한 법률 제15조(창업 및 주택 구입 등 지원)

    ○ 농업·농촌 및 식품산업 기본법 제29조의2(귀농업인의 육성)

    ○ 농림축산식품분야 재정사업관리 기본규정

3. 연도별 재정투입 계획

(단위 : 백만원)

구 분	2019년	2020년	2021년	2022년 이후
융 자	457,200	300,000	300,000	300,000p

Ⅱ. 2021년 사업시행 주요내용

1. 사업대상자

○ 농촌 외의 지역에서 농업 외의 산업 분야에 종사한(하는) 자(귀농인을 말함. 이하 '귀농인'이라 한다) 또는 농촌 지역에서 거주하면서 농업에 종사하지 않은 자(재촌 비농업인을 말함. 이하 '재촌 비농업인'이라 한다)가 농업을 전업으로 하거나, 농업에 종사하면서 이와 관련된 자가(自家) 생산 농산물의 부가가치 제고를 위한 농식품 가공·서비스업을 겸업하기 위해, '농촌'으로 이주하여(재촌 비농업인 제외) 농업에 종사하는(하려는) 자. 단, 사업 신청연도 기준 만 65세 이하(1955.1.1. 이후 출생자)인 자로서 세대주인 자

* 주택 구입 및 신축 자금은 연령기준을 적용하지 않음

* '농촌', '농업'의 범위는 「농업·농촌 및 식품산업기본법」제3조(정의) 준용

* 제주특별자치도는 「제주특별자치도 설치 및 국제자유도시조성을 위한 특별법」제270조의 규정에 의거 농촌지역으로 지정한 동 지역을 포함함

* 농촌 외의 지역에 거주하면서 농지원부 또는 농업경영체에 등록한 자로서 그 기간이 2년 이하인 자 중 이미 농촌으로 이주한 자는 신청 가능

* 상속으로 인해 농지를 소유하여 농지원부를 보유하게 되었으나, 타인에게 임대하여 자신이 실제 영농에 종사하지 않았음을 입증하는 귀농인 또는 재촌비농업인의 경우 영농이력이 없는 것으로 간주(농지법 제23조 제1항 7호 가목에 따라 상속으로 1만 제곱미터 초과의 농지를 소유하고 있는 경우는 농어촌공사에 위탁하여 임대 또는 무상사용하게 한 경우)

○ 사업대상자 및 지원 자격요건을 충족하면서 시장·군수가 '**귀농 농업창업 및 주택구입지원사업 대상자 선정심사위원회**'의 심사를 거쳐 창업대상자로 선정한 자

* 사업대상자 및 지원 자격요건을 충족하면서 청년 영농정착 지원사업 대상자로 선정되거나 청년 귀농 장기교육을 수료한 자는 선정 시 우대

2. 지원 자격 및 요건

○ 귀농인은 이주기한, 거주기간, 교육이수 실적을 모두 충족해야 함. 다만 재촌비농업인은 거주기간, 교육이수 실적, 비농업기간 및 신청기한을 모두 충족해야함.

* 단, 직업군인, 조선업 고용조정자(2015.1.1.일 이후 퇴직자)가 퇴직 후 농촌에 거주하는 경우 기존의 근무지(거주지)가 농촌지역이라 하더라도 거주기간 요건을 충족한 것으로 보며, 북한이탈주민은 거주기간 요건을 적용하지 않는다. 직업군인 및 조선업 고용조정자의 이주기한은 퇴직일자로부터 만 5년까지이며, 북한이탈주민은 최초 농촌지역 전입일로부터 만 5년까지로 한다.

① **(이주기한)** 농촌지역 전입일로부터 만 5년이 경과하지 않은 세대주로서 농촌에 가족과 함께 실제 거주하면서 농업에 종사하고 있거나 하고자 하는 자

* 귀농인 및 재촌 비농업인 모두 주민등록등본상 단독세대주도 가능(다만, 부부의 경우 1인만 지원 가능)

* 재촌 비농업인은 이주기한을 적용하지 않음

② **(거주기간)** 농촌지역 전입일을 기준으로 농촌지역 이주 직전에 1년 이상 지속적으로 농촌 외의 지역에서 거주한 자. 단, 재촌비농업인은 사업신청일 현재 농촌지역에 주민등록이 1년 이상 되어있는 자

- 주민등록등본상 동일 가족 내에서 독립세대를 구성해 농촌으로 이주한 경우, 이주 세대주가 농촌지역 이주 직전에 1년 이상 지속적으로 농촌 외의 지역에서 거주한 자

- 다만, 농촌 외 지역에서 농촌지역으로 이주 후 다른 농촌으로 재이주한 경우, 최초 농촌지역 전입 시점으로부터 만 5년이 경과(이 경우 최초 농촌지역 전입일부터 사업신청일까지 농촌지역 거주기간은 연속되어야 함)하지 않았으면 사업대상자로 신청 가능

  * 농촌지역 거주기간이 연속되지 않는 경우는 최종 전입일을 기준으로 농촌지역 이주 직전에 1년 이상 지속적으로 농촌 외 지역에서의 거주기간 필요

③ **(교육이수 실적)** 농림축산식품부(농정원 포함), 농촌진흥청, 산림청, 지자체가 주관 또는 위탁하는 귀농·영농 교육을 100시간 이상 이수한 자

- 교육 수료증 인정기한은 '귀농 농업창업 및 주택구입 자금' 신청일 기준 5년 이내만 가능함

- 상기 기관(소속 교육원)에서 직접 실시하는 귀농·영농 교육의 경우

수료증(인정시간)으로 인정

- 상기 기관에서 위탁·공모하여 실시하는 귀농교육 및 일반 농업교육의 경우 농업교육포털(www.agriedu.net)에 등록되어 수료증이 발급되는 경우만 인정

  * 지자체에서 위탁·공모하는 과정에는 지방공기업교육 및 창조경제혁신센터 귀농교육, 지자체 지정 멘토·멘티 활동, 지자체 귀농투어 참여 등도 포함됨

  * 다만, 공공기관에서 직접 실시하거나 위탁·공모하여 실시하는 귀농교육 및 일반 농업교육의 경우, 농식품부와 사전 협의 된 후 농업교육포털에 등록되고 수료증이 발급되는 경우에 인정

  * '17년 이전의 교육수료 실적 중 농업교육포털에 등록이 안 된 경우에 한하여 지자체에서 발급하는 확인서(별지 제10호 서식) 또는 수료증 인정

  * 도시농업법 제10조에 따른 도시농업지원센터와 제11조에 따른 전문인력양성기관에서 추진하는 교육과정에 귀농귀촌 교육과정을 별도로 추가 운영한 경우 도시농업 교육시간(도시농업인 농사요령교육과정 40시간, 도시농업전문가 양성과정 40시간) 실적 인정

  * (예. ① 도시농업전문가양성과정에 귀농귀촌 교육을 더하여 90시간 과정으로 운영한 경우 → 도시농업전문가 양성과정 40시간+귀농귀촌 교육 10시간=50시간으로 인정, ② 도시농업전문가 양성과정을 80시간 과정으로 운영한 경우 → 인정안함)

- 사이버교육, 농촌재능나눔, 농촌봉사활동, 농촌인력중개센터 참여시간의 50% 범위내에서 최대 40시간까지 교육시간으로 인정

* (예시) 사이버교육 60시간 참여한 경우, 총 30시간을 교육이수 시간으로 인정

* 농촌재능나눔 : 한국농어촌공사(스마일재능뱅크), 1365, 사회복지자원봉사(vms) 발급서

* 농촌봉사활동 : 읍·면·동사무소 등 행정기관이 발급한 봉사활동 확인서로 인정

* 농촌인력중개센터 참여자 : 농촌인력중개센터에서 발급한 일자리참여 확인서로 인정

● 귀농자 중 실제 영농 종사 기간이 6개월 이상인 영농 경험자(증빙 : 농지원부 보유 또는 농업경영체(경영주)로 등록되어 있거나 되었던 기록이 있고, 실제 영농을 통해 농산물을 수확·판매한 실적과 비료, 가축, 종자, 농자재 등의 구입에 따른 증빙 자료 제출한 자), 농과계 학교(농고·농대) 졸업자(40세 미만 신청자에 한함), 후계농업인은 귀농 교육을 이수한 것으로 인정

* 농과계 학교(농대)는 표준 분류계열(교육부 제공, 대학알리미 사이트) 정보 상 자연과학계열의 농림·수산계열(해양·수산 관련 학과 제외)

* 농과계 학교 졸업 연령이 40세 이상인 경우는 졸업일로부터 5년까지만 인정

* 과수·축산 등 단기간 판매실적이 나올 수 없는 경우 묘목·가축·농자재 구입 자료(국세청 발행 세금계산서 등 공공기관 및 농·수·축협의 증빙 자료만 인정) 제출 가능

④ (비농업기간) 사업신청일을 기준으로 최근 5년 이내*에 영농경험이

없는 경우 신청가능하며, 신청일 현재 타 산업분야 전업 직업 및 사업자등록이 없어야 함

* (예시) '20. 7. 15일 신청자의 경우, '15. 7. 16일 이후부터 신청일까지를 말함

- 시·군은 농업경영체, 농지원부 등록이력 및 지방보조금관리시스템 상 농업인 보조금 지원이력 확인, 타 산업분야 사업자 등록과 건강보험 직장가입 이력을 확인

⑤ (신청기한) 최초 신청일로부터 만 5년이 경과하지 않은 기간(신청일 기준)까지만 신청 가능

3. 지원대상

○ 《농업창업》 영농기반, 농식품 제조·가공시설 신축(수리) 또는 구입하려는 자

* 농식품 제조·가공시설은 본인의 자가(自家) 생산 농산물의 부가가치 제고를 위한 경우에 한함

○ 《주택 구입·신축·증·개축》 주택 구입(대지 구입 포함), 신축(대지 구입 포함), 자기 소유 노후 농가주택을 증·개축 하려는 자

* 농가주택 지원은 사업 신청 시 주택부지가 공부상 지목이 '대지'인 경우만 지원
** 농업창업자금으로 지원받은 농지는 주택부지로 활용 불가
*** 재촌 비농업인은 주택 지원 제외

《지원제외 대상》

○ 「농림축산식품분야 재정사업관리 기본규정」 제78조(보조금의 부정수급), 제79조(보조금 외 농식품사업자금의 부정수급) 및 제80조(농식품사업자금의 환수)의 규정에 저촉된 사항이 확인되거나 처분 조치가 완료되지 아니한 자

○ 농업 외 타 산업 분야에 전업적 직업을 가진 자(상근근로자)

   * 건강보험자격득실확인서 상 가입자 구분이 직장가입자인 자. 단, 국민연금 등 4대보험 모두를 가입해야 되는 것이 아닌 경우로서 월 60시간 미만의 단기근로는 시장·군수의 확인(별지 제15호 서식)을 받아 취업 가능

○ 농업 외 타 산업 분야 사업자 등록증 소지자(단, 수산업은 겸업가능)

   * 본인 명의의 영농기반에서 농축산물을 생산하거나 그 농축산물을 판매, 가공 또는 그 생산물을 활용한 서비스(체험, 판매만 해당되며, 판매의 경우 숙박업과 식품위생법 시행령 제21조에 따른 식품접객업(휴게음식점, 일반음식점, 단란주점, 유흥주점)은 제외하고 주된 사업이 생산 농축산물 원물 또는 가공품의 판매에 국한)를 위한 사업등록은 허용

   * 단, 보유중인 주택, 시설(축사, 콘크리트·판넬형태의 버섯재배사·곤충사육사·가공시설에 한하며, 부속시설 제외)의 지붕에 태양광 시설을 설치하는 경우는 전력판매 사업등록 허용. 이 경우, 농업경영에 지장을 초래하지 않아야 하며, 해당 시·군의 사전 승인과 건축법상 허가를 거친 경우에만 허용

○ 신청 전년도 농업 외의 종합소득금액이 3,700만원 이상인 자

   * 농업 외 연소득의 범위는 농업·농촌 공익기능 증진 직접지불제도 운영에 관한 법률 시행령 제6조 제1항(농업외의 종합소득금액) 규정에 따름

* 다만, 사업신청 전년도 또는 당해연도 퇴직자·사업자등록 말소자의 경우는 '농업 외 종합소득금액' 산정 시, '근로소득'과 '사업소득'은 제외하고 산정

○ 병역의무 미이행자, 고등학교 등 교육기관에 재학하고 있는 자와 휴학 중인 자

* 사업연도 졸업예정자, 영농활동에 지장이 없는 수준의 월 60시간 미만의 단기 주간과정은 신청 가능
* 야간과정 및 방송통신대학 등 온라인 강의가 주된 과정인 학교의 재학생과 휴학생은 신청 가능

○ 금융기관에 연체 중인 자 또는 파산 등으로 법적인 면책을 받아 회생 중인 자

○ 한국신용정보원의 「신용정보관리규약」에 따라 연체, 대위변제·대지급, 부도, 관련인, 금융질서문란 등의 정보가 등록되어 있는 자

* 정부자금 대출 실행 전 개인신용 상태 점검은 신청자가 해당 농협에 '농업정책자금용 신용조사서' 발급 요청으로 확인 가능

○ 사업 신청은 대리 신청할 수 없으며, 신청자가 사업계획에 대해 충분한 설명을 하지 못하는 경우 심사과정에서 제외

○ 귀농 농업창업 및 주택구입지원사업 대상자로 선정된 후 대출기한 내 대출을 실행하지 않은 자는 2년간 지원대상에서 제외

- 이때 지원대상에서 제외되는 기간은 대출기한 종료 시점으로부터 2년으로 한다.

- 다만, 시·군의 승인을 받아 사업을 추진하지 않기로 하여 대출을 실행하지 않은 자는 지원제외 대상에 포함되지 않음

○ 제주특별자치도의 경우 도내 전 지역에 주택을 이미 소유한 경우, 주택구입(신축) 지원 제외

4. 지원자금의 사용 용도

○ 《농업 창업》 영농기반, 농식품 제조·가공시설 신축·구입(수리) 등

ⅰ) **경종분야**(수도작, 채소, 화훼, 과수, 특작, 복합영농 등) 창업자금

- 농지 구입(농지법에 따라 농지에 해당하는 토지), 고정식온실·하우스시설·양액재배시설·버섯재배사·저장시설(저온저장고, 농산물 보관용 창고) 설치 및 구입, 과원조성(단, 제주특별자치도의 경우 신규 감귤원 조성 지원 제외), 묘목(다년생) 및 종근(화훼묘 포함)구입, 농기계구입(다만, 트랙터 90마력, 승용 이앙기 8조식, 콤바인 6조식 이상인 경우 구입가의 50% 범위 내 지원), 관수시설 설치, 농식품 가공시설 설치 및 가공기계 구입(사업대상자가 직접 생산한 농식품의 보관, 가공·제조에 필요한 경우에 한하며, 건축물 및 이에 부속되는 토지를 포함하되「국토의 계획 및 이용에 관한 법률」제36조에 따른 보전관리지역·생산관리지역·농림지역내에 설치되어야 함), **농업용화물자동차**(탁송료, 취득세, 번호판 등록비 등은 제외되며, 순수 차량가격만 가능), 기타 농림업 기반시설의 설치 등

  * 농식품 가공시설 설치 시 법률이 정한 용도지역 내라 하더라도 해당 지자체에 제조업 또는 가공업 등록이 가능한지 확인이 필요함

* "농업용화물자동차"는「농업용 면세유류 공급요령」에 따른 '면세유류 공급대상자(개인)'가 동 요령에 따른 '농업용화물자동차'를 구입하고자 할 경우에 한하며, 전기화물차 구매도 허용(축산분야도 동일함)

* 묘목(다년생) 및 종자(화훼묘 포함) 구입비, 농기계 구입, 농업용화물자동차 구입비는 본인명의(임차포함)의 영농기반(농지 등)이 있는 경우, 합산 금액 5천만원 한도내 대출가능

ii) **축산분야**(한·육우, 낙농, 양돈, 양계 기타 축산 등) 창업자금

- 축사부지 구입자금(시·군이 사업계획서에 의거 정상적으로 축사신축이 가능하다고 확인한 경우에 한함), 축사 신(증)축·구입 및 시설개보수, 가축입식, 농기계구입(다만, 트랙터 90마력, 승용 이앙기 8조식, 콤바인 6조식 이상인 경우 구입가의 50% 범위내 지원), 농업용화물자동차(탁송료, 취득세, 번호판 등록비 등은 제외되며, 순수 차량가격만 가능), 폐수처리시설의 설치, 초지 및 사료포 조성, 사료저장시설, 기타 축산기반 시설의 설치 등

    * 가축입식, 농기계 구입, 농업용화물자동차 구입비는 본인명의(임차포함)의 영농기반(농지 등)이 있는 경우, 합산 금액 5천만원 한도내 대출가능

○ 《**주택 구입·신축·증·개축**》 주택 구입(대지 구입 포함), 신축(대지 구입 포함), 자기 소유 노후 농가주택을 증·개축

- 읍·면지역의 경우 상업지역 및 공업지역을 제외한 지역

- 대상주택 : 단독주택 및 부속건축물을 합한 연면적은 150㎡를 초

과할 수 없음

* 연면적 : 「건축법 시행령 제119조 제1항 제4호 및 「건축물대장의 기재 및 관리 등에 관한 규칙 제7조 제1호 서식상의 연면적을 말함

* 부속건축물 : 건축법 시행령 제2조 12호의 규정에 따른 부속건축물을 의미

* 부속건축물 면적이 주택면적을 초과하는 경우 지원하지 않으며, 단일 건축물에 단독주택과 부속건축물 용도가 함께 있는 경우(예시 : 2층 건물에 1층은 창고, 2층은 주택인 경우)와 단독주택과 부속건축물이 분리되어 있는 경우 모두 동일

* 증축의 경우 기존면적과 증축면적의 합이 연면적 150㎡이하의 경우에 한함

* 건축법시행령 제3조의5에 해당하는 다가구주택, 아파트, 연립주택, 다세대주택 등 모두 포함(단, 세대별로 독립적인 주거공간을 확보하고, 세대별 소유권등기가 가능한 경우에 한함)

《융자시 유의사항》

● 배우자, 본인 또는 배우자의 직계존비속 및 형제자매의 소유 농지, 하우스, 축사 등 시설물 및 주택구입 지원불가. 다만, 형제자매인 경우 세대가 분리되어 있고, 동거하지 아니하는 경우에 한하여 시장·군수가 정상적인 매매로 승인한 경우*에는 지원 가능

* 시장·군수는 정상적인 거래 여부 확인을 위해 사업신청인에게 감정평가액 제출을 요청하여 감정평가액과 거래가액을 비교하여 판단 가능

- 본인 명의로 부동산, 시설 등을 구입하여 발생된 타(他) 융자금을 상환하는 용도는 지원 불가

- 부가세는 포함하여 지원, 단 부가세 환급금은 사업비에서 공제하고 지원하는 것을 원칙으로 함

- 사업대상자 선정일 이전에 등기, 준공 등이 완료된 경우 지원불가

- 타 농업정책사업(지자체사업 포함)의 자부담분 지원 불가

- 축사, 고정식 온실, 하우스 등 기존의 영농 시설물(중고농기계 제외)에 대한 구입비 지원 가능

  * 단, 중고농기계판매업체 등을 통한 세금계산서 발행이 가능한 중고농기계 거래는 가능

- 경매 또는 공매에 의한 농지, 축사 등 구매자금 지원 가능

《농림수산업자 신용보증기금(농신보) 보증지원》
○ 지원대상자는 「농림수산업자신용보증법」 제2조, 동법 시행령 제2조 및 신용보증규정 제4조에서 정한 농림수산업자로서, 농신보의 보증심사를 통해 보증실시
○ 지원대상자로 선정된 자는 농신보에서 대출금의 최대 90%까지 보증지원하고, 잔여 10%는 해당 금융기관 책임 하에 신용대출 등 실시(부분보증제도 운영)
  * 지원대상자의 신용도에 따라 농신보 대출금의 보증지원 비율이 적을 수 있음
  * 55세 이하 청·장년층의 경우 귀농 농업창업 및 주택구입자금의 농신보 보증비율은 95%

5. 지원형태 및 사업범위

○ 재원 : 금융자금 100%(이차보전사업)

○ 대출금리 : 고정금리(연 2%) 또는 변동금리 중 선택(선택 후 변경 불가)

　* 변동금리는 대출시점에 금융기관에서 고시하는 대출금리를 적용하며, 매 6개월마다 변동

○ 대출기한 : 융자추천 당해 연도 12월 31일

○ 상환기간 : 5년 거치 10년 원금균등 분할상환

6. 대출한도액 기준 및 범위

○ 대출한도

- 농업 창업자금 : 세대당 3억원 한도 이내

- 주택 구입·신축 및 증·개축 자금 : 세대당 7,500만원 한도 이내

　* 대출금액은 대출한도 이내에서 대상자의 사업실적과 대출취급기관의 대상자에 대한 신용도 및 담보평가 등 대출심사 결과에 의해 결정됨

○ 융자 추천 : 귀농인은 이주기한 내(단, 재촌비농업인의 경우 동 자금을 최초 신청한 이후 만 5년 내)에 시장·군수는 융자 시행을 기준으로 창업자금 4회, 주택 구입·신축 자금 2회 추천 가능

- 귀어·귀산촌자금에 선정되어 지원받은 금액은 대출한도에서 차감

- 농촌주택개량사업 지원을 받은 경우 주택구입 자금지원불가

- 후계농업경영인 지원을 받은 경우 영농창업 자금지원에서 차감

    * 대상자는 본인 명의로 사업을 수행하며, 구입 및 신축에 따른 소유권도 본인 명의로 등기하여야 함(공동명의 또는 공동지분 불가)

《융자방식》

○ 농지·축사·주택·가공공장 등 소유권 등록(명의이전) 또는 시설설치 이전에도 사전대출이 가능

- 사전대출의 대출한도는 최대 5천만원 범위(사업 신청금액의 70% 초과 불가) 내에서 계약금, 선급금 등에 필요한 소요금액. 단, 부동산 구입의 경우 대출 실행 시 소유권 이전과 당해 부동산의 담보권 설정의 동시 이행이 가능한 것으로 대출취급기관에서 확인(대출취급기관에서 당일 동시 진행 후 법원등기소의 접수증명원이 확인)되는 경우, 세부사업별 대출 가능 금액의 100%까지 가능

    * 대상자는 사전대출에 필요한 소요금액관련 증빙자료(공인계약서(부동산 거래신고필증 포함), 세금계산서, 청구서 등)를 사업주관기관에 제출, 사업주관기관은 증빙자료사본을 첨부하여 사업추진계획 확인서(별지 제4-2호 서식) 발급

○ 시설설치, 주택 신축, 농식품 가공·제조 사업 등 사업진척에 따른 사후대출(기성고대출 포함)의 대출한도는 당해 사업에 소요된 금액 이내

    * 대상자는 사업완료 및 소요금액 증빙서류(등기부등본, 건축물대장, 계약서, 세금계산서, 청구서 등)를 사업주관기관에 제출, 사업주관기관은 증빙

서류 사본을 첨부하여 사업 추진실적 확인서(별지 제4-2호 서식) 발급

* 대출취급기관은 토지 또는 시설 구입비의 잔금대출(완공 후 일시대출 포함)을 취급하는 경우 대상자가 사업 추진실적(계획) 확인서와 공인매매계약서(부동산거래신고필증 포함)를 제출하고, 소유권이전과 당해 토지 또는 시설물 등의 담보권설정의 동시이행으로 사업이 완료되는 경우에는 사업 추진실적확인서의 징구를 생략하고 잔금대출 실행 가능

Ⅲ. 표준프로세스(SP)에 따른 담당기관 역할

《사업추진 체계》
시행지침 시달(농식품부→시·도,시·군, 농협) ⇨ **농업창업 및 금융 상담, 사전 신용·담보 조회**(귀농인→시·군, 농협·농신보) ⇨ **사업신청서 제출**(귀농인→시·군) ⇨ 창업심사 ⇨ 사업추진(사업대상자) ⇨ 확인서 발급(시·군→귀농인) ⇨ **신용·담보 조회 및 대출**(농협→귀농인) ⇨ **사후관리**(시·군, 농협)

1. 사업신청 단계

《신청자》

○ 신청 시기 : 사업 신청은 상·하반기 2회를 원칙으로 하며, 정해진 기간 내에 사업을 추진코자 하는 관할 시·군에 신청

* 사업대상자 공개모집(안) : (상반기) 당해연도 1.1~2.10, (하반기) 당해연도 6.1~7.10

- 다만, 각 시·도, 시·군의 실정에 맞도록 개최 시기를 탄력적으로 운영할 수 있으며, 이 경우 2회 이상 운영을 원칙으로 하고, 귀농

인들의 불편 최소화를 위해 언론보도, 공고 등을 통해 충분한 홍보를 실시

○ 접수처 : 귀농 지역 주소지 관할 시·군(또는 농업기술센터)

  * 신청인은 사업 신청 전에 농협 및 농신보에 신용 상태를 조회하여 적정 대출 규모 본인 확인 필요. 다만, 최종 대출 심사 결과는 달라질 수 있음

○ 준비서류

《제출서류》

- (귀농인) 귀농 농업창업 및 주택구입지원사업 신청서(별지 제1호 서식) 1부, 귀농 농업창업계획서(별지 제2호 서식) 1부, 가족관계증명서(배우자 및 부모님의 증명서 포함) 1부, 신용조사서(대출가능금액 미기재) 1부, 사업자등록 사실여부 증명서 1부, 교육이수실적 증빙자료, 기타 증빙자료(견적서 등)

- (재촌 비농업인) 재촌 비농업인 농업창업 지원사업 신청서(별지 제1-1호 서식) 1부, 귀농 농업창업계획서(별지 제2호 서식) 1부, 가족관계증명서(배우자 및 부모님의 증명서 포함) 1부, 신용조사서(대출가능금액 미기재) 1부, 사업자등록 사실여부 증명서 1부, 교육이수실적 증빙자료, 기타 증빙자료(견적서 등) (농지원부에 등록된 상속농지의 비자경을 인정받으려는 경우) 농업경영체 등록부 1부, 직불제 수령내역서 1부, 연금산정용 가입내역서류 1부, 등기부등본 1부

  * 본인을 증명할 수 있는 신분증 지참, 평가 시 가점 반영에 필요한 학력증명서, 국가기술자격증사본 등은 해당자 제출

* 배우자 및 부모님의 가족관계증명서는 제출하지 않아도 되지만 자신이 구입하려는 농지 등이 본인 또는 배우자의 직계존비속 및 형제자매의 소유물이 아님에 대한 증명 책임은 본인에게 있음

- 확인서류 : 주민등록등본 1부, 주민등록초본(주소 이력 포함) 1부, 사업자등록증명 1부, 국민건강보험자격득실확인서 1부, 근로소득원천징수영수증 1부, 소득금액증명원 1부

* 한국농어촌공사에서 시행하고 있는 농지은행사업의 농지정보 수신을 희망하는 경우 '개인정보수집 및 활용동의서'(별지 제13호 서식)를 작성·제출

○ 사후 절차

- 신규 사업대상자는 창업자금 수령이후 1년 이내에 농업경영체 등록을 마치고, 해당 지자체에 그 결과를 통보하여 한다.

    ※ 각 지자체에서는 2022. 1. 1일 기준, 기 귀농창업 및 주택구입 지원사업 대상자에 대한 농업경영체 등록여부에 대한 조사를 실시하고, 미등록자는 등록하도록 통보 조치

《귀농인 업무처리 절차》

농업창업 및 금융 상담, 사전 신용·담보 조회(귀농인→시·군, 농협·농신보) ⇨ **귀농 창업계획서 제출**(신청자→지자체) ⇨ **창업계획 심사 및 확인서 발급**(시군→신청인) ⇨ **확인서 농협은행 제출**(귀농인→농협) ⇨ **신용조회 및 대출**(농협은행→귀농인, 사용처) ⇨ **창업자금 실행 통보**(농협, 귀농인→지자체) ⇨ **농업경영체 등록**(1년 이내, 귀농인→국립농산물품질관리원) ⇨ **농업경영체등록 결과 통보**(1개월, 귀농인→지자체)

* 지자체, 농협, 농신보는 사업신청, 심사시 귀농인에게 귀농자금 관련 피해사례를 안내문, 리플렛 등을 활용하여 상담을 통해 반드시 고지

《시·도, 시·군》

○ 시·도, 시군 등에서는 사업지침이 통지되면 귀농 농업 창업 및 주택구입 사업에 대해 주요 추진일정, 유의사항 등 안내(보도자료, 게시판, 홈페이지 등)

- 시·군의 자금지원계획, 신청자격, 지원조건, 지원내용, 제출기관, 신청방법 등과 기타 신청인이 알아야 할 사항 등

   * 사업신청자가 농지은행사업에 관한 정보 수신을 위해 '개인정보수집 및 활용동의서'(별지 제13호 서식)를 제출한 경우, '농지은행사업 정보 수신 희망자 명단'(별지 제14호 서식)을 작성하여 한국농어촌공사로 송부

○ 시·군은 신청서 접수시 '귀농 창업자금 정보시스템'을 통해 귀어·귀산촌 자금 중복수령 여부를 반드시 확인

○ 시·군은 「귀농어·귀촌 활성화 및 지원에 관한 법률」제15조의2에 따라 지원 및 사후관리를 원활히 하고 지원정보 등을 확인하기 위하여 필요시 관계 중앙행정기관의 장, 지방자치단체의 장 또는 「공공기관의 운영에 관한 법률」에 따른 공공기관의 장에게 관련 자료의 제출을 요청 할 수 있도록 「개인정보보호법」제15조에 따라 별지 제13호 서식의 개인정보수집 및 활용동의서를 징구하여야 함

2. 사업자 선정단계

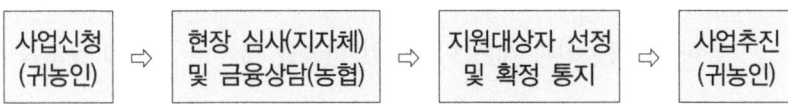

○ 현장 확인

- 시장·군수는 사업신청인이 해당 지역에 이주하여 거주 및 농업에 종사하고 있는지 여부를 신청자의 제출서류와 현지실사를 통해 확인

- 시장·군수는 주택 구입을 신청한 경우 사업대상자 선정 후, 사업추진 실적(계획)확인서 발급 전, 현지방문(별지 제8호 서식)을 통해 확인

- 시·군에서는 사업신청자가 기존의 농림축산식품부 정책자금을 지원받았는지 여부를 확인하고, 상환하고 있는지 여부와 신용조사를 대출취급기관에 의뢰

○ 선정심사

- 시장·군수는 사업대상자 요건을 갖춘 신청자를 대상으로 '귀농 창업 및 주택구입 지원사업 대상자 선정심사위원'의 심사를 거쳐 사업대상자를 선정

  * 상환능력 등을 고려하지 않은 무리한 대출을 방지하고, 농촌 거주기간이 길고 영농기술 실습 경력이 많아 영농을 중도 포기하지 않고 지속적으로 영농이 가능한 자를 선발

- 선정 대상 인원수는 시·군별로 배정(시·도에서 관할 시·군의 귀농 추이, 지원 실적 등을 활용하여 재배정)된 예산의 범위 내에서 상·하반기 각각 50%(예산액 기준) 균분 배정·선발 원칙. 단, 신청 규모 등을 고려하여 10% 범위 내 시·군별 상·하반기 배정 비율을 조정 가능하며, 귀농인과 재촌 비농업인 비율을 시·군 실정에 맞도록 배

분 선정하되, 재촌 비농업인 지원 비중이 전체 사업비의 20%를 넘지 않도록 함

- 선정심사위원회는 귀농관련 전문가, 대출기관·농민단체·귀농귀촌단체 관계자, 마을 이장 등 외부평가위원만으로 구성(최소 3인 이상, 담당공무원은 평가위원장으로 참여하되 평가점수는 미부여)하고 선정심사는 상·하반기 2회 개최를 원칙으로 함

  * 심사 일정(안) : (상반기) 당해연도 2.20(휴일인 경우 다음날) → 심사결과 공개(2.28), (하반기) 당해연도 7.20(휴일인 경우 다음날) → 심사결과 공개(7.30)

- 다만, 각 시·도, 시·군의 실정에 맞도록 개최 시기를 탄력적으로 운영할 수 있으며, 이 경우 2회 이상 운영을 원칙으로 하고, 귀농인들의 불편 최소화를 위해 언론보도, 공고 등을 통해 충분한 홍보를 실시

- 선정심사위원회는 신청자가 제출한 사업신청서·귀농창업계획서에 대해 심층 면접 평가를 실시하고 별표 1의 심사기준(시·군별 자체조정 활용 가능)에 따라 심사점수 60점 이상인 자 중 고득점자 순서에 따라 우선적으로 선발·지원

  * 심사 전 사기 등 피해 사례 및 부정수급 관련 내용을 심사 대상자들에게 반드시 공지

- 선정심사위원회 외부 평가위원에게 예산의 범위 내에서 수당을 지급할 수 있다.

- 사업대상자가 귀농인 확인서 발급 요청이 있는 경우, 시장·군수는 사용 용도와 귀농일을 명시하여 귀농인 확인서(별지 제11호 서식)를 발급해 주어야 함

○ 시장·군수는 사업대상자로 선정되면 사업대상자 명단과 사업 분야, 대출 신청금액, 사업 기간 등이 포함된 '귀농인 융자지원 계획'을 금융기관에 통지하여야 함

○ 대출 취급기관은 시장·군수로부터 농업정책자금 대출 여부 및 신용조사 등을 의뢰받은 때에는 확인 결과를 시·군, 농업기술센터에 신속히 통보

○ 대출 취급기관은 신청인이 사전 대출상담을 요청할 때에는 대출에 필요한 서류 등 준비사항을 성실하게 상담

- 대출 취급기관은 업무담당자에 대해 사전 교육을 실시하여 상담 및 대출 과정에서 민원이 발생하지 않도록 조치

3. 세부 계획 수립 및 시행 단계

《귀농 농업창업자금 지원》

○ 시·도는 농림축산식품부의 사업지침을 토대로 자체 사업계획을 수립하여 시·군에 통지하여야 함

- 사업 추진방향, 사업추진 절차, 담당자 교육 및 귀농인 홍보계획 등

○ 대출 취급기관은 귀농인이 대출 신청 전 서류, 절차 등 준비사항 등의 안내서를 작성하여 지역조합과 지자체에 통보

○ 자금 배정을 받은 대출 취급기관의 장은 사업자금을 시·도 및 시·군 계통조직에 대출 가능한 자금액을 고지하되 실제 대출이 필요한 시점에서 대출 취급기관에서 귀농인에게 대출할 수 있도록 조치

≪주택 구입·신축 및 증·개축 자금 지원≫

○ 사업대상자로 선정된 자는 주택법, 건축법 등 관련 법령이 규정한 절차에 의하여 건축 추진(농어촌주택 표준설계도서 활용 가능)

- 건축공사를 완료한 후 허가권자(시장·군수)로부터 사용승인서를 교부받아 지정 농협에 대출 신청하되, 준공 전이라도 사업대상자와 농협이 협의하여 전체 대출금의 일부 대출 가능

○ 시장·군수(농업기술센터 소장)는 정기적으로 주택건축 추진상황을 점검하고, 공사가 완료되면 준공을 증명하는 확인서(사용승인서)를 발급

○ 대출 취급기관은 시장·군수(농업기술센터 소장)로부터 대상자를 통지받은 후 사업대상자에게 대출 조건, 신용평가 및 담보 설정, 대출서류, 대출마감일 등을 안내

4. 자금배정단계

| 농식품부 | ○ 시도 및 대출취급기관에 예산 및 지침 통보 |

| 시도, 시군 | ○ 시도는 시군에 사업지침 및 예산 통보
○ 시군은 사업대상자에게 창업서류 및 대출한도액 안내
  * 사업신청서 접수시 신청자에게 귀농자금 관련 피해사례를 반드시 고지
○ 창업계획서 심사 통과된 사업대상자에게 사업 추진실적(계획) 확인서(별지 제4-2호 서식) 발급
○ 대출이 실행된 사업대상자에 대한 사후관리 실시 |

| 대출취급기관 | ○ 시군에서 발행한 사업 추진실적(계획) 확인서 확인 후 대출 시행
  * 사전대출을 하는 경우는 사업추진계획 확인서(별지 제4-2호 서식), 귀농 농업창업 및 주택구입지원사업 신청서(별지 제1호 서식), 귀농 농업창업계획서(별지 제2호 서식) 등에 의해 대출하고, 사업완료 후 사업추진기관이 발급한 사업추진실적확인서(별지 제4-2호 서식)를 별도 징구(단, 소유권 이전과 담보설정이 동시에 이루어지는 경우 생략 가능)
  * 대출서류 접수 시 신청자에게 귀농자금 관련 피해사례를 반드시 고지
○ 대출기관은 시군에 대출결과를 즉시 통보(유선 또는 문서) |

| 사업대상자 | ○ 사업완료 후 시·군에서 사업 추진실적(계획) 확인서(별지 제4-2호 서식)를 발급받아 대출취급기관에 제출하여 사업자금 대출 |

※ 주택건축, 축사신축 등 1개월 이상 소요되는 사업의 경우 사업실적에 따른 관련 증빙서류(영수증 또는 세금계산서 등)를 사업주관기관에 제출하고 사

업 추진실적 확인서(별지 제4-2호 서식)를 발급받아 대출

※ 영수증을 증빙하는 경우는 「농림축산식품분야 재정관리 기본규정」제58조(농식품사업자금 집행 등)제1항제5호에 따라 사업등록을 하지 아니한 농업인으로부터 농산물을 구입하는 경우에 한하며 농산물 공급자는 농업경영체에 등록된 해당 농작물 및 가축사육정보가 포함된 자료 및 공급자 자필로 서명한 영수증과 금융기관 거래 자료를 증빙해야 함. 다만, 이 경우 1천만원 이내의 농산물로 제한됨

※ 사업추진실적확인서는 발행일로부터 당해 연도까지 유효하며, 대출실행이 당해 연도에 이뤄지지 않은 경우 사업 추진실적(계획) 확인서를 재발급 받아 해당 금융기관에 제출

※ 지원대상자로 선정된 자가 사업계획을 변경하고자 할 때에는 사업계획변경 신청(신고)서(별지 제9호 서식)를 시장·군수 또는 농업기술센터소장 등에게 제출하여 승인을 얻어야 함

5. 이행점검단계

《사후관리》

○ 시장·군수는 귀농자금을 지원받은 자에 대하여 융자금 지원연도부터 융자금 상환일까지 사후관리 실시

- 시장·군수는 귀농 농업창업 및 주택구입 자금관리시스템에 지원대상자에 대한 정보를 입력·관리하고, 연 1회 이상 읍면사무소를 통해 실태조사를 실시(읍·면사무소는 대출취급기관, 농업기술센터와 합동으로 실태조사 실시)

○ 시장·군수는 융자금이 사업계획 외의 타 용도 전·유용, 사업장 이탈 등이 없도록 사후관리 실시

- 시장·군수는 융자금 회수가 필요하다고 판단될 경우 대출취급기관에 융자금을 회수할 것을 통보

  * 대출금의 회수 및 이차보전금의 신청 제외 대상은 「농림축산식품분야 재정사업관리 기본규정」 준용

○ 사업대상자가 사업자금 융자 후 사망 또는 중대한 신병 이상이 발생하여 영농에 종사할 수 없는 경우, 배우자, 직계존비속 또는 형제·자매가 승계할 수 있음

- 이 경우 시장·군수는 승계 희망자의 신청에 따라 승계사유를 검토하여 승계여부를 결정한다. 승계 시에는 아래의 내용을 따르며, 승계가 이루어진 경우 영농승계 확인서(별지 제12호 서식)를 대출취급기관 등에 통보해야 함

- 승계 후 사업을 지속하기 어렵다고 판단되거나, 사업목적에 위반될 우려가 있는 경우 융자금을 회수해야 함

- 시장·군수는 승계자에게 귀농인 농업창업 및 주택지원자금 시행지침에 대한 교육을 실시해야 함

- 융자금은 승계자 명의로 서류를 갱신하여야 하며 융자금 및 융자조건은 사망한 자 등의 잔여액과 조건 등을 승계(대출취급기관의 여신 관련 규정에 적합한 경우에 한함)

《사업장소의 이전》

○ 사업대상자가 사업장소를 이전하여 영농에 종사하고자 할 경우에는 시장·군수의 사전승인을 받아 사업장소를 이전할 수 있으며, 이전 후의 사후관리는 주소지 관할 시장·군수가 담당

* 구입한 농지·시설을 승인 없이 매매할 경우 부당사용에 의한 회수사유에 해당

○ 시장·군수는 사업장소 이전 사전승인여부를 결정하고 승인하였을 때에는 관련기관(이전 후 시·군)에 관련자료 등 통보

○ 사업자는 폐업·이전 등 농지 매매 후 시장·군수에게 즉시 통보

《제재·처벌대상자 및 처벌기준》

○ 시장·군수는 사업대상자에게 다음 사항의 사업취소 또는 융자금 회수 사유가 발생하였을 때는 현장 확인 실시(별지 제5호 서식)

- 융자금 상환기일 이전에 사업장을 이탈하거나 지원목적 외 용도로 사용한 경우

    * 본인의 자가(自家) 생산 농산물의 부가가치 제고를 위해 농식품 제조·가공시설을 지원받은 경우, 이후 농업에 종사하지 않게 되면 회수 대상에 해당

- 농촌 외의 지역으로 주거를 이전하거나 실제 농업에 종사하지 않는 자

- 사업대상자로 선정되어 창업 및 주택자금 수령 이후 1년 이내에

농업경영체 등록을 하지 않은 자

* 시장·군수는 농업경영체정보를 등록하지 않은 자에 대해 기간을 정해 (최대 2개월 이내) 조치할 것을 요청하고, 그럼에도 농업경영체정보 등록을 이행하지 않은 자는 사업 취소

- 농업 외 타 산업분야 사업체를 경영하거나, 전업적 직업을 가진 자
- 귀농 창업 및 주택 자금으로 구입한 농지·주택 등을 신청 당시 목적과 다르게 활용한 경우

* 사전에 시·군의 승인을 거친 경우 목적 변경이 발생된 부분만 회수

- 구입·신축 또는 증·개축 한 농지·시설·주택의 전부 또는 일부를 승인 없이 매각한 경우
- 사업취소나 융자금 회수 사유가 발생시 「농림축산식품분야 재정사업관리 기본규정」 제79조(지원의 제한)에 따라 지원의 제한 기준을 적용하고, 부당사용 기준 금액은 사업비 전체로 함
- 사업의 일부를 목적 외 용도로 사용하여 융자금 회수 사유가 발생시 사업대상 전부를 취소·회수함
- 구입한 농지나 시설, 주택 등을 타인에게 임대한 경우

○ 시장·군수는 현장을 확인한 결과 사업 취소 사유에 해당된다고 인정될 때는 지원 자금상환 통지와 동시에 대출 취급기관에 지원자금 회수 통지

- 다만, 다음의 경우 시장·군수가 판단하여 인정하는 경우, 일시상환이 아닌 기존 융자조건에서 정한 기간까지 분할하여 상환할 수 있도록 대출취급기관에 조치사유를 명기하여 문서 통보(이 경우 이차보전금 지원은 중단하며, 일반대출상품으로 전환 조치 가능)

    1. 신병 등으로 불가피하게 사업을 계속할 수 없는 경우

    2. 기상재해 등으로 사업이 취소된 경우

○ 시장·군수는 거짓이나 그 밖의 부정한 방법으로 지원금을 받거나 타인으로 하여금 지원금을 받게 한 자에 대해서는 「귀농어·귀촌 활성화 및 지원에 관한 법률」제28조에 따라 관련자를 검찰에 고발하여야 함

《행정사항》

○ 시·도지사는 연도별 지원현황(별지 제3호 서식), 사업취소 및 대출금회수 현황(별지 제6호 서식)을 익년도 10일까지 농림축산식품부에 제출

(별지 제1호 서식)

귀농 농업창업 및 주택구입 지원사업 신청서

* 귀농인의 융자한도액은 "금융기관의 개인에 대한 신용과 담보평가"를 통해 결정됨

신청자	성 명		(한자)	생년월일	(남·여)
	주소	귀농 전		전화번호 및 전자메일	TEL :
		귀농 후			H.P :
					e-mail :
	학 력			귀농전 직업	(근무처 :)
	영농경력		년	교육실적	분야(월, 주) *교육실적이 많은 경우 별지 작성
	가족상황		부모; 명, 배우자; 세, 자녀;		
	주거상태		자가, 전세, 월세, 기타(무상임대 등)	주거보유	없음, 1주택, 2주택...
	영농분야(작목)				
	현재 영농규모		- 농지규모 : ㎡, 　　사육두(마리)수 : - 저장시설 :　　　　　시설규모(하우스 등) : ㎡ - 농 기 계 :		

사업 신청 내용	사업별 규모(량)	농업창업자금						
		주택구입비	* 등기부등본, 사진 등 제출					
	사업비 (천원)	사업별	합계	정부지원(재원명 기재)			지방비	자부담
				계	보조	융자		
		농업창업						
		주택구입·신축						

「농림축산분야 재정사업관리 기본규정」제34조(농림축산식품사업의 신청 등)제1항의 규정에 의하여 신청하며 신청사업과 관련하여 사업대상자 선정기관이 본인의 아래의 개인정보를 처리하는 것에 동의합니다.

　☑ 사업신청과 관련된 개인정보의 수집·이용에 동의합니다.
　☑ 사업신청과 관련된 개인정보의 제공에 동의합니다.

　　　　　　　　　　　　　　　　　　　　　　　　년　월　일
　　　　　　　　　　신청자　　　　　　　(서명 또는 인)

○○○(시장·군수) 귀하

* 민원인 제출서류 1. 귀농 농업창업계획서 1부, 2. 교육이수실적 증빙자료, 3. 신용조사서, 4. 사업자등록사실여부증명서, 5. 가족관계증명서, 6. 기타 증빙서류
* 담당공무원 확인사항 1. 주민등록등본, 2. 주민등록초본(주소이력 포함), 3. 사업자등록증명, 4. 국민건강보험자격득실확인서, 5. 근로소득원천징수영수증, 6. 소득금액증명원

본인은 사업 신청 시 사업지침 내용을 확인하였으며, 농림축산식품분야 재정관리 기본규정 및 사업지침 등 관련규정의 의무사항을 준수할 것을 서약합니다.
　　　　　　　　　　　　　　　　　　　　　　년　월　일
　　　　　　　　　　신청자　　　　　　(서명 또는 인)

* 신청서(서식)은 귀농귀촌종합센터 홈페이지를 통해 다운로드 받을 수 있음

(별지 제1-2호 서식)

재촌 비농업인 귀농 농업창업 지원사업 신청서

* 융자한도액은 "금융기관의 개인에 대한 신용과 담보평가"를 통해 결정됨

신청자	성 명	(한자)	생년월일	(남·여)	
	주소	(주소)	전화번호 및 전자메일	TEL :	
		(거주기간)		H.P :	
				e-mail :	
	학 력		귀농전 직업	(근무처 :)	
	영농경력	년	교육실적	분야(월, 주) *교육실적이 많은 경우 별지 작성	
가족상황		부모; 명, 배우자; 세, 자녀;		영농분야(작목)	
주거상태		자가, 전세, 월세, 기타(무상임대 등)			
현재 영농규모		- 농지규모 : ㎡, 사육두(마리)수 : - 저장시설 : 시설규모(하우스 등) : ㎡ - 농 기 계 :			
사업 신청 내용	사업규모(량)				
	사업비 (천원)	합계	정부지원(재원명 기재)	지방비	자부담
			계	보조	융자		

「농림축산분야 재정사업관리 기본규정」제34조(농림축산식품사업의 신청 등)제1항의 규정에 의하여 신청하며 신청사업과 관련하여 사업대상자 선정기관이 본인의 아래의 개인정보를 처리하는 것에 동의합니다.
　☑ 사업신청과 관련된 개인정보의 수집·이용에 동의합니다.
　☑ 사업신청과 관련된 개인정보의 제공에 동의합니다.

　　　　　　　　　　　　　　　　　　　　　　　년   월   일
　　　　　　　　　　신청자　　　　　　　　　　(서명 또는 인)

○○○(시장·군수) 귀하

* 민원인 제출서류 1. 귀농 농업창업계획서 1부, 2. 교육이수실적 증빙자료, 3. 신용조사서, 4. 사업자등록사실여부증명서, 5. 가족관계증명서, 6. 기타 증빙서류
* 담당공무원 확인사항 1. 주민등록등본, 2. 주민등록초본(주소이력 포함), 3. 사업자등록증명, 4. 국민건강보험자격득실확인서, 5. 근로소득원천징수영수증, 6. 소득금액증명원

본인은 사업 신청 시 사업지침 내용을 확인하였으며, 농림축산식품분야 재정관리 기본규정 및 사업지침 등 관련규정의 의무사항을 준수할 것을 서약합니다.
　　　　　　　　　　　　　　　　　　　　　　　년   월   일
　　　　　　　　　　신청자　　　　　　　　　　(서명 또는 인)

* 신청서(서식)은 귀농귀촌종합센터 홈페이지를 통해 다운로드 받을 수 있음

(별지 제2호 서식)

귀농 농업창업계획서

1. 현 황

성 명		생년월일	
주 소		전화번호	
주 영농분야(작목)			

* 경종(수도작, 사과, 배, 화훼 등), 축산(한우, 양돈, 양계 등)으로 구분 기재

2. 영농기반

① 영농규모(㎡)

구 분	계	논	밭	과수원	사료포	목초지		
소 유								
임 차								
계								

② 시설현황(동/㎡)

구 분	창고	축사	온실	비닐하우스	버섯재배사			기 타
소 유	/	/	/	/	/	/	/	/
임 차	/	/	/	/	/	/	/	/
계	/	/	/	/	/	/	/	/

③ 농기자재(대/연식)

트랙터	경운기	이앙기	콤바인	관리기	건조기	선별기	차 량	
방제기								기 타

④ 재배현황(㎡)

계	벼	보리	사과	배	포도		

⑤ 가축사육(두, 수)

한우	젖소	돼지	닭				기타

⑥ 기타 특기사항

* ①~⑤사항 이외에 아래 사항에 대하여 기술하고 필요하면 관련 자료 첨부
  - 현재 영농에 종사하는 경우 기존 농업방식과 차별화될 수 있는 농업방식을 상세하게 기술
  - 향후 영농에 종사하고자 하는 경우에는 독특한 아이디어나 기술을 상세하게 기재

* ①~⑤사항 이외에 농가의 영농규모를 파악할 수 있는 내용을 기술하고 관련자료 첨부

3. 기 정책자금 대출현황【추가】

자금명	사용내역	대출현황				기타
		대출총액	대출금리	상환기간	대출잔액	

4. 사업계획

① 사업비 투자계획

세 부 사 업 명	규격 (단위)	단가	사업량 (㎡, 대)	사 업 비(백만원)				지방비	자담
				계	정부지원(재원기재)				
					계	국고	융자		
계									
농지구입									
하우스 신축									
축사신축(개보수)									
농기계구입									
축사구입									
과원조성									
주택구입·신축									

② 세부사업 추진계획(육하원칙에 의거 상세하게 작성)

- ① 사업비 투자계획의 세부사업에 대해 상세한 사업추진계획을 작성

  * (예시) 농지구입의 경우 : ○○군 ○○읍·면 소재의 논 ○○○㎡ 정도를 매입하여 사업기한인 당해연도 12월 31일 이전에 매매계약(부동산매매계약서, 등기부등본 별첨)을 체결하고 소유권 등기를 완료할 예정임

  * 농지구입, 하우스 신축, 농가주택구입, 버섯사 등은 구체적 사업계획 별첨(신청자는 시·군에서 농협은행에 '귀농사업 추진 실적(계획) 확인서' 제출전까지 부동산거래계약신고필증, 부동산매매계약서, 임대차계약서, 시설공사계약서, 등기부등본 등 증빙서류 제출 가능)

  * 농기계 가격은 한국농기계공업협동조합 기준가격 적용(기종명, 제조회사, 규격, 연식기재)

③ 자금조달계획

(단위 : 천원)

조 달		조달방식을 상세하게 작성
항 목	금 액	
합 계		
○ 자체자금		
○ 신규출자		
○ 외부차입		
○ 기　　타		

④ 향후 사업(신청사업 분야)계획

(단위 : 평, 마리, 만원)

작목명	현 재				사업비 투자(준공)후			
	재배면적	사육두수	연 간 판매수입	경영비	재배면적	사육두수	연 간 판매수입	경영비
수도작								
화 훼								
한 우								
돼 지								
•								
•								

* 투자 후 판매수입 및 경영비는 신청당시의 물가 적용

⑤ 단기 및 중·장기 영농계획

　　○ 계획은 단기·중기·장기로 구분하여 비전, 목표, 전략을 수립하고, 비전과 목표달성을 위한 세부추진 계획을 상세하게 작성

　　　- 분량이 많은 경우 별지로 작성

5. 융자금 상환계획
  ○ 농업 수입, 이전 소득 등을 포함한 총수입계획과 고정지출(생활비, 학자금, 영농 투자금 등), 잉여금 등을 고려한 구체적인 상환계획을 현실성 있게 작성

6. 지역 활동 참여계획
  ○ 향후 5개년간 지역 내 마을회의, 행사, 사회단체 등 활동계획을
    실현가능성과 현실성 있게 작성

본 사업계획서는 본인의 제반 정보 및 사업 의지를 바탕으로 사실 그대로 작성한 것으로써 향후 사업계획서대로 사업을 추진할 것을 확약합니다.

작성일 :   년   월   일

신청자 :   (인)

확인자 : 소속   직위(급)   성명   (인)

(별표 1)
귀농 농업창업 및 주택구입 지원사업 신청자 심사기준

평가 항목		등급				등 급 기 준	평점
		A	B	C	D		
1. 귀농 인원수(5점)	농촌이주 가족 수 (본인 포함)	5	4	3	2	A : 이주 가족인원이 4명 이상인 경우 B : 이주 가족인원이 3명 이상인 경우 C : 이주 가족인원이 2명 이상인 경우 D : 이주 가족인원이 2명 미만인 경우 * 주민등록등본상의 구성원 수를 기준으로 평가	
2. 교육이수실적(10점)	농업, 귀농귀촌 관련 교육 이수 실적	10	8	6	4	A : 250시간 이상인 경우 B : 200시간 이상인 경우 C : 150시간 이상인 경우 D : 100시간 이상 * 교육이수 실적은 농림축산식품부, 농촌진흥청, 특별광역시도, 시군구 등이 주관 또는 지정 교육기관에서의 이수실적만 인정 * 기간이 2일이상 유효(예외 : 귀농센터, 지자체교육) * 사이버교육, 농촌재능나눔, 농촌봉사활동, 농촌인력중개센터 참여시간의 50%를 최대 40시간까지 인정 * 교육과목이 개설되지 않은 특별작목(예 : 선인장 등) 재배농가에서의 실습실적(재배농가 주소지 관할 농업기술센터 소장이 인정한 경우에 한함)도 교육훈련실적으로 인정가능 * 농과계 졸업자, 교육이수 100시간과 동일하게 인정 * 교육 이수 실적 100시간 미만은 0점	
3. 전입 후 농촌거주(5점)	거주기간	5	4	3	2	A : 전입일 기준 1년 이상 B : 전입일 기준 6월 이상 C : 전입일 기준 3월 이상 D : 전입일 기준 3월 미만 * 주민등록등본의 전입일 기준으로 확인	
4. 사업지침 의무조항습득(10점)	자격기준, 목적외 사용 등 유형 및 준수 규정 습득 여부, 자금관련 피해 사례인지 여부 등	10	8	6	4	A : 매우 우수, B : 우수 C : 보통, D : 미흡	
5. 영농정착의욕(20점)	세대주의 영농정착 의욕	20	15	10	5	A : 영농정착 의욕이 매우 높은 자 B : 영농정착 의욕이 높은 자 C : 영농정착 의욕이 보통인 자 D : 영농정착 의욕이 낮은 자 * 사업계획서, 증빙서, 상담실적 등의 자료를 토대로 사업실행성과 농촌정착 가능성 정도를 평가	

평가항목		등급				등급기준	평점
		A	B	C	D		
6. 융자금 상환계획의 적절성 (10점)	수입, 지출의 구체성 및 현실성	10	8	6	4	A : 매우 우수, B : 우수 C : 보통, D : 미흡 * 사업신청서와 사업계획서를 토대로 평가	
7. 사업계획의 적정성 및 실현가능성 (40점)	재배지역, 재배기술상의 적합성 및 타농가 재배작목과의 작목집단화(조화) 가능성	20	15	10	5	A : 매우 우수, B : 우수 C : 보통, D : 미흡 * 사업신청서와 사업계획서를 토대로 평가 * 축사부지 구입의 경우 축사신축 가능여부 확인	
	투자·자금 조달계획 및 생산·판매 계획의 적정성과 실현가능성	20	15	10	5	A : 매우 우수, B : 우수 C : 보통, D : 미흡 * 사업신청서와 사업계획서를 토대로 평가	
8. 가점사항	○ 사업대상자 및 지원자격 요건을 충족하면서 청년창업농 영농정착 지원사업 대상자로 선정되거나 청년귀농 장기교육을 수료한 자는 5점의 가점을 부여한다. ○ 아래 항목 중 3개 이상은 3점, 2개 이상은 2점, 1개는 1점의 가점을 부여한다. - 영농 사업계획과 관련 분야의 국가기술자격증 소지한 경우/ 친환경농산물인증을 받은 경우/ 정보통신분야의 자격증을 소지한 경우/ 농산물 관련 유통 및 무역 등에 1년 이상 종사한 경우/ 여성인 경우/ 대학생창업연수과정 이수자/ 농대영농정착과정 이수자/ 영농창업특성화과정 이수자/ GAP 인증을 받은 경우						

〈평가자의 종합의견〉

지원가	지원불가	○ 지원 가능 - 총점이 60점 이상인 자 중 고득점자 순서 ○ 지원 불가능 - 총점 60점 미만인 자 - 60점 이상 득점을 하였더라도, 지원하는 것이 바람직하지 않다고 심사자가 판단하는 경우(이 경우 심사자는 그 사유를 명기하여야 함)			
심사자	소 속	부 서	직 위(급)	성 명	서 명
확인자	소 속	부 서	직 위(급)	성 명	서 명

(별표 1)
재촌 비농업인 농업창업 지원사업 지원사업 신청자 심사기준

평가항목		등급				등급기준	평점
		A	B	C	D		
1. 교육이수 실적(15점)	농업, 귀농귀촌 관련 교육 이수 실적	15	12	9	6	A : 250시간 이상인 경우 B : 200시간 이상인 경우 C : 150시간 이상인 경우 D : 100시간 이상 * 교육이수 실적은 농림축산식품부, 농촌진흥청, 특별광역시도, 시군구 등이 주관 또는 지정 교육기관에서의 이수실적만 인정 * 기간이 2일이상 유효(예외 : 귀농센터, 지자체교육) * 사이버교육, 농촌재능나눔, 농촌봉사활동, 농촌인력중개센터 참여시간의 50%를 최대 40시간까지 인정 * 교육과목이 개설되지 않은 특별작목(예 : 선인장 등) 재배농가에서의 실습실적(재배농가 주소지 관할 농업기술센터 소장이 인정한 경우에 한함)도 교육훈련실적으로 인정 가능 * 농과계 졸업자는 교육이수 100시간과 동일하게 인정 * 교육 이수 실적 100시간 미만은 0점	
2. 지역 활동 참여도 (5점)	마을회의, 행사, 지역 단체 등 참여 및 활동 계획의 구체성, 적극성	5	4	3	2	A : 매우 우수, B : 우수 C : 보통, D : 미흡 * 사업계획서(지역 활동 참여 현황 항목) 및 심층면접을 토대로 지역 융화 정도를 평가	
3. 사업지침 의무조항 습득(10점)	자격기준, 목적외 사용 등 유형 및 준수 규정 습득 여부, 자금관련 피해 사례인지 여부 등	10	8	6	4	A : 매우 우수, B : 우수 C : 보통, D : 미흡	
4. 영농정착 의욕(20점)	세대주의 영농정착 의욕	20	15	10	5	A : 영농정착 의욕이 매우 높은 자 B : 영농정착 의욕이 높은 자 C : 영농정착 의욕이 보통인 자 D : 영농정착 의욕이 낮은 자 * 사업계획서, 증빙서, 상담실적 등의 자료를 토대로 사업실행성과 농촌정착 가능성 정도를 평가	
5. 융자금 상환계획의 적절성 (10점)	수입, 지출의 구체성 및 현실성	10	8	6	4	A : 매우 우수, B : 우수 C : 보통, D : 미흡 * 사업신청서와 사업계획서를 토대로 평가	

평가항목		등급				등급기준	평점
		A	B	C	D		
6. 사업계획의 적정성 및 실현가능 (40점)	재배지역, 재배기술상의 적합성 및 타농가 재배작목과의 작목집단화(조화) 가능성	20	15	10	5	A : 매우 우수,　　B : 우수 C : 보통,　　　　D : 미흡 * 사업신청서와 사업계획서를 토대로 평가 * 축사부지 구입의 경우 축사신축 가능여부 확인	
	투자・자금 조달계획 및 생산・판매 계획의 적정성과 실현가능성	20	15	10	5	A : 매우 우수,　　B : 우수 C : 보통,　　　　D : 미흡 * 사업신청서와 사업계획서를 토대로 평가	
8. 가점사항	○ 사업대상자 및 지원자격 요건을 충족하면서 청년창업농 영농정착 지원사업 대상자로 선정되거나 청년귀농 장기교육을 수료한 자는 5점의 가점을 부여한다. ○ 아래 항목 중 3개 이상은 3점, 2개 이상은 2점, 1개는 1점의 가점을 부여한다. - 영농 사업계획과 관련 분야의 국가기술자격증 소지한 경우/ 친환경농산물인증을 받은 경우/ 정보통신분야의 자격증을 소지한 경우/ 농산물 관련 유통 및 무역 등에 1년 이상 종사한 경우/ 여성인 경우/ 대학생창업연수과정 이수자/ 농대영농정착과정 이수자/ 영농창업특성화과정 이수자/ GAP 인증을 받은 경우						
〈평가자의 종합의견〉							
지원가	지원불가	○ 지원 가능 - 총점이 60점 이상인 자 중 고득점자 순서 ○ 지원 불가능 - 총점 60점 미만인 자 - 60점 이상 득점을 하였더라도, 지원하는 것이 바람직하지 않다고 심사자가 판단하는 경우(이 경우 심사자는 그 사유를 명기하여야 함)					
심사자	소 속	부 서		직 위(급)		성 명	서 명
확인자	소 속	부 서		직 위(급)		성 명	서 명

에듀콕스(educox)는 책에 관한 소재와 원고를 설레는 마음으로 기다리고 있습니다. 책으로 만들고 싶은 좋은 소재와 기획이 있으신 분은 이메일(educox@hanmail.net)로 간단한 개요와 취지, 연락처 등을 보내주시면 됩니다.

3억 귀농 농업창업계획서 혼자서 작성하기

편저자 ▪ 강용수
발행인 ▪ 이상옥
발행처 ▪ 에듀콕스(educox)

2쇄 발행 ▪ 2021년 9월 10일
초판 발행 ▪ 2021년 4월 7일

출판등록번호 제25100-2018-000073호
주소 ▪ 서울시 관악구 신림로23길 16 일성트루엘 907호
     경기도 안양시 석수로 40 1동 1303호
팩스 ▪ 02)6499-2839
홈페이지 ▪ www.educox.co.kr
이메일 ▪ educox@hanmail.net
ISBN 979-11-90377-31-7

정   가 ▪ 18,000원

※ 잘못된 책은 구입한 곳에서 바꿔드립니다.
※ 무단 복사 및 판매시 저작권법에 의해 경고조치없이 고발되어 민, 형사상 책임을 지게 됩니다.